RAFAEL LLANO CIFUENTES

VIDAS SINCERAS

4ª edição

QUADRANTE

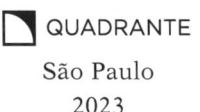

São Paulo
2023

Copyright © 2003 Quadrante Editora

Capa
Provazi Design

Dados Internacionais de Catalogação na Publicação (CIP)

Cifuentes, Rafael Llano
  Vidas sinceras / Rafael Llano Cifuentes — 4ª ed. — São Paulo: Quadrante, 2023.

  ISBN: 978-85-7465-520-8

  1. Sinceridade 2. Verdade e falsidade 3. Vida cristã I. Título
  CDD-241.699

Índice para catálogo sistemático:
1. Sinceridade : Verdade e autenticidade : Ética cristã
Cristianismo 241.699

Todos os direitos reservados a
QUADRANTE EDITORA
Rua Bernardo da Veiga, 47 - Tel.: 3873-2270
CEP 01252-020 - São Paulo - SP
www.quadrante.com.br / atendimento@quadrante.com.br

SUMÁRIO

VIDAS SINCERAS 5

O DESFILE DE MÁSCARAS 17

A PROCURA DA VERDADE 55

O PERFIL DA AUTENTICIDADE 109

NOTAS 125

VIDAS SINCERAS

A paixão pela verdade

O homem tende para a verdade como os corpos para o seu *centro de gravidade*. A história da civilização é a história da procura da verdade: a verdade científica, filosófica, religiosa, antropológica... Gastam-se bilhões para resgatar da nossa ignorância a composição química de um pedaço de pedra recolhido na lua. Por que essa paixão pela verdade?

Porque fomos criados por Deus à sua imagem e semelhança. E a nossa inteligência, a nossa faculdade mais nobre — que é como uma faísca da inteligência divina — alimenta-se da verdade. E quando esse alimento está corrompido pela mentira, experimentamos dentro da nossa inteligência como que uma profunda repugnância, algo semelhante à rejeição de um corpo estranho.

Por isso sentimos tanto receio de que alguém descubra em nós uma inverdade. Não gostamos de ser rejeitados. E é por isso também que nos custa aceitar que alguém nos diga: «Você mentiu». Aceitamos mais facilmente que nos digam: «Você errou», porque nesse caso podemos alegar que erramos por distração, por fraqueza ou limitação. Mas ter que reconhecer que *mentimos conscientemente* é muito duro, e provoca em nós uma profunda vergonha.

A mentira representa uma íntima deturpação da nossa dignidade de filhos de Deus. Se Deus é a *infinita Verdade*, uma *infinita mentira* seria a representação mais viva do que pode haver de mais oposto a Deus. É precisamente por isso que existe uma incompatibilidade radical entre Deus e o demônio, a quem

Jesus chama *pai da mentira* (Jo 8, 44). Ou seja, quando mentimos, tornamo-nos *filhos do próprio demônio*.

Além disso, a mentira tem muito de *antinatural*. Os olhos foram feitos para ver; os ouvidos, para ouvir; a inteligência, para descobrir a verdade; e a língua, para expressá-la. Quando se mente, provoca-se uma violência contra a natureza e também contra a própria vida social. Aquele que mente em qualquer assunto é como se pusesse em circulação moeda falsa. O que sentiríamos se, num dado momento, se descobrisse que a metade do dinheiro num país é falsa? E o que haveríamos então de sentir se é um pai ou uma mãe que mente? Se é um juiz que mente? Se é a autoridade pública que mente? Simplesmente sentiríamos pânico: o pânico nas pessoas individuais, na família, nos bancos, na economia, no país inteiro. Sentiríamos nas próprias vísceras a desconfiança, a insegurança, a decadência.

A mentira tem raízes profundas: brota do próprio pecado original, prolifera entre a vaidade e o orgulho, a altivez e os complexos, o egoísmo e a inveja. E por isso invade o mundo. Em todos os seus contornos. Diariamente. Assim o diz Affonso Romano de Sant'Anna em forma de poema:

*Mentiram-me. Mentiram-me ontem
e hoje mentem novamente. Mentem
de corpo e alma, completamente.
E mentem de maneira tão pungente
que acho que mentem sinceramente.
Mentem, sobretudo, impunemente.
Não mentem tristes. Alegremente
mentem. Mentem tão nacionalmente
que acham que mentindo história afora
vão enganar a morte eternamente.
Mentem. Mentem e calam. Mas suas frases
falam. E desfilam de tal modo nuas
que mesmo um cego pode ver
a verdade em trapos pelas ruas [...].
Mentem deslavadamente,*

*como nenhuma lavadeira mente
ao ver a nódoa sobre o linho, mentem
com a cara limpa e nas mãos
o sangue quente, mentem
ardentemente como um doente
nos seus instantes de febre, mentem
fabulosamente como o caçador que*
                            [quer passar
*gato por lebre. E nessa trilha de mentira
a caça é que caça o caçador
com a armadilha.
E de tanto mentir tão bravamente,
constroem um país de mentira
— diariamente*[1].

A decadência da verdade é, pois, a principal causa da decadência de qualquer sociedade. E, em contrapartida, reerguer uma pessoa, uma família, uma comunidade, é reerguê-las primeiro moralmente, fazendo reinar nelas o que há de mais essencial: o amor pela verdade.

O instinto de autenticidade

Há também em todos nós um *instinto de autenticidade*. Necessitamos saber quem somos. Precisamos «assumir o nosso ser», vibrar com as nossas fibras mais íntimas em concordância com a sinfonia da Criação. É como se intuíssemos que, ao fazermos parte do concerto que o cosmos inteiro executa, não podemos chegar a sentir-nos felizes enquanto não interpretamos a melodia que nos corresponde a cada um de nós dentro dessa composição polifônica.

Há pessoas que se encontram intimamente deslocadas, fora de lugar, como se estivessem *desafinadas*, precisamente porque não sabem posicionar-se, assumindo a sua própria identidade em face do mundo que as rodeia. Talvez passem anos e anos escondendo o verdadeiro rosto atrás de mil enganos, envolvidas numa cálida atmosfera de «faz de conta»; mas um dia, por causa de um acontecimento qualquer, de uma decepção, de um fracasso, a sua vida inteira desmorona. E vem a depressão carregada de perguntas: «Qual é a minha verdadeira identidade? Que sentido terá a minha vida no futuro? Qual será o fim de *tudo isto…?*» Falam então de *crise*, da necessidade de ir a um psiquiatra… Quando na verdade essa *crise* muitas vezes não é senão o primeiro vislumbre que tiveram da sua verdadeira personalidade, um clarão que pode representar o momento do despertar, o encontro com a sua vida real, com o seu verdadeiro «eu» e, em última análise, com o Deus de toda a verdade.

Precisamos, cada um de nós, desse ajuste profundo da nossa identidade — pessoal, única e intransferível — conosco próprios, com as outras pessoas, com o mundo que nos cerca e principalmente com Deus. Quando não há essa *unidade interior*, quando começa a configurar-se em nós uma certa *duplicidade*, começamos também a sentir-nos *desequilibrados*, neuróticos — melhor, esquizofrênicos, pois esquizofrenia e dupla personalidade andam juntas.

Necessitamos ser nós mesmos, ser aquilo que somos com plenitude de alegria, ser autênticos, como necessitamos do ar que respiramos. É somente desse equilíbrio íntimo que poderá advir o equilíbrio social, como belamente dizia Shakespeare: «Sê fiel a ti mesmo, e daí se seguirá — como a noite sucede ao dia — que não poderás ser inveraz e desleal com ninguém»[2].

Mas na nossa vida existe ao mesmo tempo um torcido *instinto de inautenticidade*: atribuímos um valor exagerado à nossa própria importância, não nos aceitamos, não nos conformamos com o que somos. De onde nasce essa tendência para a insinceridade e inautenticidade? Precisamente do *orgulho*, que é uma doença provocada pelo pecado original e transmitida depois a todo o gênero humano.

Deus criou-nos para sermos felizes. Mas o homem não se resignou com a sua condição de *criatura*, ambicionava um destino autônomo e absoluto: queria ser *como Deus* (cf. Gn 3, 5). A sua revolta começou, pois, com um movimento centrípeto: não quis aceitar a sua própria identidade, não quis ser criatura, assumindo assim uma atitude de inautenticidade.

Em consequência dessa inclinação doentia, o desejo mais profundo do nosso ser, o desejo de autenticidade — que nada mais é, na verdade, do que o desejo de alcançar a perfeição a que fomos destinados pelo nosso Criador —, converteu-se no nosso mais grave vício: o *amor-próprio desordenado*. É ele que nos leva a uma espécie de megalomania egocêntrica: queremos ser donos de tudo e não ter carência de nada, queremos possuir todas as virtudes e não ter nenhum defeito. E como isso custa muito esforço, ou como percebemos que não temos capacidade para consegui-lo com as nossas próprias forças, inventamos uma perfeição que não temos, fingimos uma personalidade que não possuímos, e caímos na insinceridade de vida.

A sinceridade

Os romanos, na sua paixão pelo belo e pelo autêntico, admiravam as expressões artísticas mais perfeitas e genuínas, e não admitiam defeitos nas obras de arte. Por isso, quando um escultor falhava, procurava dissimular o defeito cobrindo a irregularidade com cera. E quando a estátua saía perfeita das suas mãos, dizia-se que estava completa, íntegra, autêntica, *sine cera* — «sem cera». Daí deriva a expressão *sincera*. A sinceridade exprime, pois, simultaneamente a veracidade e a autenticidade.

Na vida humana também há muitos tipos de «cera», como há muitas e variadas dissimulações e inautenticidades.

Não há nada que não se tenha inventado para ludibriar os nossos semelhantes: as modas, os cosméticos, as perucas, as operações plásticas, como também os sorrisos, as lágrimas, as palavras, os silêncios, as insinuações, as omissões, os exageros, os fingimentos, as meias-verdades e as mentiras. Diante de um grupo de pessoas, vem-nos às vezes à mente um pensamento como este: «Dez rostos, dez mistérios, dez máscaras»[3].

Ao longo destas páginas, falaremos dos mil desdobramentos que apresenta a falsidade. Vamos, porém, começar pelos mais enigmáticos, pelos mais difíceis de debelar precisamente por estarem mais escondidos e dissimulados: os nossos disfarces, a nossa capacidade de fingir, de fazer teatro.

«O meu cérebro — escreve Machado de Assis — foi um tablado em que se deram peças de todo gênero, o drama sacro, o austero, o piegas, a comédia louca, a desgrenhada farsa, os autos, os bufoneiros... um pandemônio... uma barafunda de coisas e pessoas... Não havia ali a atmosfera somente da águia e do beija-flor; havia também a da lesma e a do sapo»[4].

Esta capacidade de converter o cérebro num palco de teatro revela-nos a nossa tendência para converter a vida numa espécie de desfile de máscaras.

O DESFILE DE MÁSCARAS

O homem experimenta um impulso indeclinável para a grandeza, a perfeição, o triunfo, mas ao mesmo tempo sente-se inclinado ao comodismo, à preguiça e à lei do menor esforço.

Alguns superam esse dualismo lutando por superar o mundo das tendências inferiores e elevar-se às alturas; outros muitos deixam-se levar encosta abaixo pelo desleixo e pela apatia; e um terceiro grupo, talvez o mais numeroso, opta por uma solução intermédia: esconde as suas insuficiências e defeitos por detrás de uma máscara.

A máscara é muito mais fácil de elaborar do que uma personalidade verdadeira. Aquela faz-se de papelão; esta outra, de lutas e esforços, de sangue e de lágrimas.

São tão consoladoras as representações teatrais, o desfile de máscaras... Que alegria para uma humilde empregada doméstica poder ser durante quatro dias, na escola de samba, uma princesa, uma rainha ou uma fada... Que satisfação para o Zé-pedreiro viver por umas horas o papel de Presidente da República, de Imperador do Brasil ou de Luís XV... Que sensação agradável a do primeiranista universitário que enche a boca com um vocabulário erudito, mas que no fundo é um pobre ignorante... Que vibração vazia a do rapaz que exagera as suas aventuras amorosas, levantando ondas de admiração entre os seus inibidos colegas...

Mas as alegrias deste grande carnaval do mundo terminam um dia, numa quarta-feira qualquer... E a humilde empregada com olheiras no rosto terá que trocar o vestido de princesa por um pobre avental de cozinheira. E o bom Zé-pedreiro deixará as calças de cetim brilhante à Luís XV para vestir aquelas outras, esbranquiçadas e gastas, com as quais ganha honestamente o pão de cada dia. E o estudante enfatuado ficará deprimido com a nota baixa que tirou na última prova. E o faroleiro vaidoso, no silêncio da noite, sentirá no coração a mordida da solidão e da saudade, porque, no meio das suas veleidades e namoricos superficiais, nunca conseguiu conquistar um verdadeiro e profundo amor.

O carnaval sempre termina em tristeza. A máscara da vida cai. E então, o que acontecerá?

«O que acontecerá — escrevia Nietzsche —, quando cair a máscara? Quem nos poderá reconhecer? Se nos tirassem os véus, as cores e as atitudes, não ficaria mais do que um espantalho»[5]. Como seria triste se, no fim da nossa vida — ao apresentar-nos diante da luz vivíssima de Deus, a Verdade infinita —, chegássemos à conclusão de que toda a nossa vida foi uma farsa, e toda a nossa personalidade, uma máscara de papelão.

Vamos, por isso, deter a nossa atenção neste desfile de disfarces, deixando correr diante dos nossos olhos, na passarela da vida, as principais máscaras carnavalescas por trás das quais costumamos esconder-nos, para delas tirar um ensinamento fecundo. O apresentador deste espetáculo não tem espaço nem tempo para fazer desfilar tantas e tão variadas fantasias. Por isso, limitar-se-á a uma única série, provida de características bastante originais: a série «zoológica». Observaremos um conjunto variado e colorido que, com as suas feições pitorescas, poderá ensinar-nos interessantes lições.

O pavão

A primeira fantasia que o apresentador faz desfilar no palco é realmente fantástica: levanta na plateia uma entusiástica salva de palmas. É um magnífico *pavão*, que entra caminhando pausadamente, com inclinações à direita e à esquerda, erguendo a crista vermelha, inchando o corpo, sacudindo a sua plumagem fulgurante. Mas essas penas brilhantes encobrem apenas a sua pobreza interior, e esses penachos vistosos levantam-se acima de um cérebro de mosquito.

As penas coloridas lembram-nos tantas e tão diferentes figuras: o físico escultural daquele que modela os músculos com o mesmo esmero com que a adolescente aprimora o seu cabelo diante da penteadeira; o corpo de quem se exibe na praia com a mesma vaidade com que a manequim desfila nas passarelas da moda. Ou ainda a atitude dessas «bonecas deslumbradas» — homens ou mulheres — que estão continuamente a contemplar-se a si mesmas como Narciso no espelho das águas. A cauda chamativa do pavão aparece-nos em nosso viver cotidiano sob a forma de carros vistosos, de apartamentos luxuosos, das reuniões da *high society* e dos brilhantíssimos espetáculos da moda... Quantas vezes já vimos desfilar diante de nós, na passarela profissional, aqueles que gostam de ser denominados «vanguardistas geniais», «progressistas revolucionários», «parafrentex», «pioneiros do progresso»... O importante, para eles, não é dizer a verdade, mas «formular» o que «pega bem», o que está «inserido no contexto»... O que realmente lhes importa é — como se diz agora — estar *in* e evitar a todo o custo ficar *out*. Por isso, fazem questão de utilizar um palavreado «moderno» com ressonâncias sonoras — «estruturalismo», «dialética conjuntural», «ecossistema» — ou com uma semântica «esnobe» — *background, feeling, design, check-list, handicap*... Pensam estar apresentando assim uma imagem de intelectual brilhante ou de jovem executivo americano — de um *yuppie* —; mas quem conhece a realidade esquelética escondida por trás da refulgente plumagem — a sua inconfessada ignorância — percebe que estão pura e simplesmente fazendo um papel ridículo.

Sim, já observamos muitas vezes esse desfile nas aulas universitárias, nos salões da moda, nos clubes que dão «status»...

Há em todas essas atitudes, e em outras muitas que aparecem em todos os terrenos — no esporte, nas finanças, na política e na vida religiosa —, um certo *complexo de inferioridade* escondido e dissimulado, uma vontade de querer brilhar e aparecer que encobre um verdadeiro raquitismo interior. Parece que se quer compensar com o luxo do apartamento, com a potência do carro, com o barroquismo da linguagem e até com as falsas virtudes, as acanhadas dimensões da própria personalidade.

O brilhante aspecto do pavão é a máscara de uma personalidade atrofiada, que camufla a pobreza do *ser* com a riqueza do *ter* e do *aparecer*.

O apresentador convida o pavão a retirar-se, alegando que tem outras personagens para apresentar. Mas o pavão não obedece. Começa a dar voltas rápidas em torno de si próprio enquanto escuta os aplausos, e parece que o ouvimos dizer, num murmúrio de satisfação: «Aplaudam, aplaudam mais; eu vibro com os aplausos, os aplausos é que me dão vida... Vocês gostam de mim? É natural, muito natural; eu também gosto de mim, especialmente da cauda».

Por fim, o apresentador não teve outro remédio senão puxá-lo para fora do palco... pela cauda.

O camaleão

Que contraste! Sobe agora ao palco uma fantasia estranha; parece um animal antediluviano em miniatura. Mas o mais estranho é que, à medida que se aproxima, vai mudando lentamente de cor: apresenta-se pardacento sobre o tablado, avermelhado quando pisa o tapete grená, esverdeado quando se coloca diante das samambaias que servem de enfeite...

O camaleão defende a sua fraqueza utilizando um recurso natural — o *mimetismo* —, que o identifica com o meio em que se encontra. Há muitos homens que usam esta máscara: mudam de cor ideológica, profissional, política ou religiosa de acordo com o ambiente que os rodeia. Estão sempre do lado do mais forte ou da maioria: são progressistas entre os progressistas, conservadores entre os conservadores, despudorados entre os sem-vergonhas, pacatos na casa dos avós, fervorosos num ambiente de igreja... São de um feitio na família, de outro na escola, na roda de amigos, na praia, e de outro bem diferente quando estão sozinhos. São múltiplos, plurivalentes. Têm uma máscara polifacética. E com isso acabam por perder a personalidade.

Quando o camaleão toma a cor da superfície em que se encontra, adapta-se ao seu meio para sobreviver. O homem, algumas vezes, adapta-se por prudência; outras muitas por covardia, por mediocridade, pelo desejo de agradar a todos, por astúcia ladina ou por ambição. Mas quase sempre compromete assim a sua coerência, se é que não deforma a sua personalidade. É o caso do cristão que vive «em cima do muro», que tem medo de comprometer-se em ambientes adversos com receio de ser «pichado» de «carola» ou de «careta», e que nada mais faz do que aumentar o grupo dos indefinidos e amorfos, para não dizer dos covardes.

O camaleão sabe jogar astuciosamente com a omissão culposa e o silêncio, com a atitude escorregadia e ambígua...; inclina-se pela opinião ou pelo partido que venha a favorecê-lo mais; espera, nas discussões, que elas cheguem ao fim para depois apoiar o ponto de vista que parece ter vencido; coloca na frente um «porta-voz», um «testa de ferro», para evitar «queimar-se» pessoalmente; gosta, com frequência, de ficar na sombra para aparecer só no momento do triunfo; tem na sobreloja da sua alma vários sistemas métricos, vários padrões de pesos e medidas, que utiliza para favorecer uns e enganar outros…

Em certos ambientes, valoriza-se esta atitude como «prudente», «política», «diplomática»; diz-se que revela «jogo de cintura», «jeito», quando na realidade se deveria julgá-la como pouco nobre, pouco íntegra… Porque esse homem poliédrico, escorregadio como uma enguia, esse que na aparência é uma espécie de «herói da habilidade», é na realidade um manhoso matreiro, um ridículo comediante…, um grande palhaço.

Pouco brilhante foi a apresentação desta fantasia, mas quem se esconde por trás dela pouco se importa: no fundo do seu rosto, traz um sorriso irônico que parece dizer-nos: «Estou enganando a todos... Deixa para lá, o importante é passar despercebido; mas no fim sairei vitorioso... Quem ri por último, ri melhor».

O leão

Agora irrompe no palco, com atitudes decididas, um felino de grande porte. Com ferocidade, mostra ostensivamente as suas garras e os seus dentes. «É um *leão!*», grita a plateia. A fantasia é perfeita. Encarna a agressividade terrífica do rei da selva.

Mas esta máscara, o que esconde por trás? A pergunta evoca-me um outro desfile, um desfile de figuras carnavalescas que costumava apresentar-se nos dias de festa em certa cidadezinha onde eu, de criança, passava as férias. Assustava-me principalmente o gigante, que tinha uma cabeça imensa; aproximava-se de mim em atitude desafiadora, como se quisesse devorar-me, e eu sempre saía correndo. Quem estaria por trás daquilo?, perguntava-me. Depois de certo tempo, porém, descobri que quem enfiava aquela enorme fantasia era um certo pobre coitado que morava na aldeia, mentalmente debiloide. Aproveitava a festa para ser gigante por um dia, porque no resto do ano era um homenzinho insignificante, ao qual ninguém prestava atenção.

Muitas vezes, as pessoas não reparam que, por trás da agressividade, se esconde a *insegurança*: o fraco oculta-se com frequência por trás de uma máscara de leão. Este paradoxo repete-se em muitas facetas da vida humana, dando razão àquele velho e sábio dito que diz: «Diz-me de que te gabas e dir-te-ei de que careces». Os exemplos são os mais variados.

O católico divorciado que apresenta ostensivamente a sua nova companheira está ocultando dessa forma o mal-estar que sente no seu íntimo. A pessoa que apresenta o homossexualismo como «elevada expressão de sensibilidade» da cultura grega ou da inteligência de alguns gênios artísticos, no fundo pretende apenas fazer calar os remorsos da sua consciência diante dos seus desvios sexuais. Aquele que se gaba das suas experiências amorosas costuma na realidade ser um fracassado nesse campo.

Gregorio Marañón, no seu conhecido ensaio sobre «Don Juan», estudou em profundidade a vida de Juan de Vilamediana, que foi o personagem real posteriormente aproveitado por Tirso de Molina para descrever a psicologia do «conquistador». Através desse estudo, e do de outras vidas paralelas, chegou à conclusão de que o tipo donjuanesco é uma personalidade de virilidade duvidosa: sente-se de alguma maneira compelido a repetir *quantitativamente* as suas «aventuras amorosas» para compensar a carência *qualitativa* de uma autêntica hombridade[6].

Da mesma forma, o ateu que, sem vir a propósito, trata de demonstrar com aparente segurança a inexistência de Deus, só mostra assim as suas dúvidas e incertezas. Vem-me à memória certo rapaz, meu aluno da Faculdade Paulista de Direito, que afirmava aos quatro ventos que era ateu. Era muito amigo dele e da sua turma. Naquele ano, muitos dos seus colegas vieram ter comigo para se prepararem para a Páscoa, mas ele se negava. Os seus amigos, de brincadeira, empurraram-no para a sala onde me encontrava. Ficou sem jeito e começou a dizer, muito nervoso: «Eu não me confesso, eu sou ateu, Deus não existe!» Comecei a rir e disse-lhe: «Acalme-se, você não precisa confessar-se, não se preocupe... Quer fumar um cigarro?» Começamos a conversar descontraidamente, falando de diversos temas da escola... De repente, perguntei-lhe: — «Você vê algum cavalo nesta sala?» — «Não. Por que me faz uma pergunta tão esquisita?» — «Você gastaria algo da sua inteligência e do seu tempo para demonstrar que aqui não há um cavalo?» — «Não, seria absurdo!» — «Então por que gasta tanta energia para tentar demonstrar que Deus não existe? Se você estivesse bem convencido disso, nem se lembraria de dizê-lo. Não será que insiste em falar disso porque, no fundo, tem sérias dúvidas de que não exista?» O rapaz ficou branco. Levantou-se de um pulo e saiu em disparada, enquanto dizia: — «Não tente me convencer! Não tente me convencer!»...

Pobre máscara de leão... Não percebe que já sabemos que, por trás das suas longas melenas, dos seus dentes afiados e das suas garras potentes, se esconde um homem pusilânime, uma pobre criatura insegura e acuada, que defende a sua fraqueza atacando com fingida ferocidade.

A raposa

Agora entra sub-repticiamente, sem ser chamada, uma *raposa* de olhos verdes e olhar astuto. A sua atitude é ladina: não avança em linha reta, segue sempre direções oblíquas, e nunca olha os outros de frente...

Quem desvendou muito bem esta máscara foi La Fontaine, na sua conhecida fábula. A raposa desejava comer aquele suculento cacho de uvas; pulava uma e outra vez, tentando atingi-lo com os seus dentes, sem o conseguir; até que, esgotada pelas suas repetidas tentativas, afastou-se dizendo: «Bah... estão verdes».

É a tia solteirona que sente inveja da sua sobrinha charmosa, tão procurada pelos rapazes bonitos, e que murmura no pequeno círculo familiar: «Com essas maneiras livres, qualquer garota conquista hoje um rapaz... No meu tempo não era assim, não...» É o preguiçoso que critica o seu colega, bom aluno, dizendo que é um «bitolado», «fominha», «queridinho» do professor, quando no íntimo é ele quem se sente fracassado por não se destacar nos estudos. É o rapaz que faz troça de um colega porque namora limpamente, porque vive a castidade, e diz dele que é «pouco homem», quando na verdade está escondendo o desejo íntimo de poder ter também aquela alegria, aquela vibração tão próprias do verdadeiro amor... Quanta razão tem o velho ditado que diz: «Quem desdenha quer comprar»!

A *ironia*, por exemplo, representa quase sempre um ataque indireto. É a tática de quem se sente ferido na sua vaidade, no seu orgulho, e teme o ataque frontal porque receia ouvir uma réplica humilhante, mas também não é capaz de reprimir o seu desejo de ficar por cima. Nesse conflito, opta pela solução dissimulada, «de raposa»: a piada ferina. É isso que explica em muitos casos a frequência com que se maneja essa arma na ausência da pessoa visada, impedindo-a de se defender. A clandestinidade, a ação sorrateira, as alusões indiretas, são todas elas uma máscara protetora da covardia do homem irônico.

Quantas crises de fé, que aparentemente têm a sua origem em motivos de índole intelectual, encontram as suas verdadeiras causas em razões muito menos puras, menos «racionais» e mais emotivas e passionais, mas habilidosamente disfarçadas. Recordo-me a este propósito da conversa que tive certa vez com um estudante de medicina. É tão significativa que poderia parecer forjada se não fosse rigorosamente verdadeira. Dizia-me que tinha sérias dúvidas sobre a divindade de Jesus Cristo. — «Mas por quê?» — «Porque li num livro de religiões comparadas que Cristo se inspirou na doutrina de Maomé». — «Mas você não sabe que Maomé viveu no século VII *depois* de Cristo...?» Olhou-me por um longo tempo e depois, cheio de vergonha, disse-me que na realidade estava tentando justificar-se... Talvez tivesse confundido Maomé com Buda...

Que ultimamente estava numa situação muito difícil... Não conseguia «safar-se» de uma desquitada que não se separava dele nem de dia nem de noite... Naquele momento, começou a soluçar...

A raposa nunca indica o verdadeiro motivo da sua desistência. «As uvas estão verdes...», diz. Rejeita-se o que se procura; ironiza-se o que se inveja; critica-se o que no íntimo se deseja. Quantas pessoas andam pelas ruas das nossas cidades, pelos escritórios, fábricas e escolas vestidos com essa pele de raposa!

A raposa, ladinamente, retira-se pela porta dos fundos... Cai o pano.

A avestruz

Levanta-se o pano. No meio do palco, encontra-se agora uma estranha ave de longo pescoço, com a cabeça escondida embaixo do tapete. E adivinhamos também, por trás de mil rostos, o mesmo gesto ridículo da avestruz que esconde a cabeça na terra quando detecta a proximidade de uma fera perigosa.

É a atitude de quem não quer tomar consciência da verdade, por medo das consequências que essa verdade possa acarretar. Essa pessoa tem pavor de fazer uma pergunta comprometedora, de ir ao médico, de ler determinado livro esclarecedor, de fazer um retiro, de conversar com o sacerdote, de refletir ou meditar... Tem receio de ficar em silêncio, pois o silêncio lhe grita verdades que não quer ouvir. E a *cegueira voluntária*: «O melhor é não pensar / para não se incomodar».

Esta atitude, no terreno espiritual, lembra aquelas palavras de São João: *Quem pratica o mal aborrece a luz e não se aproxima dela para que as suas obras não sejam repreendidas* (Jo 3, 20). Os que se cobrem com a máscara da avestruz fogem daquelas verdades que os obrigariam a romper com um gênero de vida contrário aos ditames mais profundos da sua consciência. Obscurecem os seus olhos com a ignorância para poderem esgrimir depois o inconfessável álibi: «Não tenho culpa, não posso ser incriminado porque desconhecia a minha responsabilidade nesse terreno...» Provoca-se conscientemente a própria cegueira, para mais tarde justificar os erros dizendo que não se tinham enxergado: são tão tranquilizantes esses estados crepusculares de semirresponsabilidade...

Há muita gente que, à semelhança da avestruz, vive desse «fazer de conta». «Faz de conta» que, ao esconder a cabeça, o leão realmente desapareceu; «faz de conta» que não há doentes que morrem abandonados num hospital; «faz de conta» que a vida terrena existirá sempre e que a morte não vai chegar; «faz de conta» que a verdade infinita de Deus deixará de descobrir essas falsidades todas...

E nesse mundo do «faz de conta» vai-se vivendo sossegadamente, até que... um dia, de repente, o leão devora a avestruz. O leão devora a avestruz — a máscara cai — quando se percebe, às vezes tarde demais, que a vida já não tem sentido, que será impossível recuperar o tempo perdido.

Mas talvez já antes, vez por outra, furtivamente, com a visão ainda velada, se comece a sentir medo. Como se uma voz por dentro dissesse: «Você se está enganando, está fugindo..., levante a cabeça!» As sombras que passam pela imaginação dessa pessoa deixam-na assustada... Não enxerga o leão, a realidade objetiva; enxerga só fantasias, sente apreensão diante de possíveis perigos futuros... O verdadeiro leão converteu-se, no seu cérebro, numa espécie de «bicho-papão»... Muitos temores, muitas superstições, muitas neuroses, têm a sua origem nesses estados nebulosos criados pela «síndrome da avestruz».

A alcateia de lobos

Mal a avestruz se afasta, invade o palco não uma máscara, mas um verdadeiro «bloco» de máscaras. Todas elas são idênticas: a mesma pele acinzentada, o mesmo focinho, os mesmos gestos... É uma alcateia de lobos!

O que significa esta insólita invasão? O que representa a alcateia de lobos? Representa a *coletividade*, a *comunidade*: os lobos não atuam sozinhos; defendem-se e atacam sempre em grupo.

Os homens também procedem assim frequentemente. Confundem a sua personalidade com o grupo, diluem a sua responsabilidade no conjunto. E este fenômeno vem-se acentuando de forma característica no nosso tempo: presta-se excessiva atenção ao coletivo, ao que está na moda; domina o receio de não se ser aceito pela comunidade; parece necessário identificar-se com o «figurino» que está «na crista da onda». Mais ainda — e é aqui que o simbolismo se torna máscara —, justificam-se os erros pessoais com a desculpa do multitudinário: «Todos fazem o mesmo», «a maioria pensa como eu»... Que sensação de calma tíbia se sente ao contato com a massa! Parece que defende e ampara, que dilui o sentimento de culpa, subdividindo-o entre as mil cabeças que formam a alcateia humana, tornando o erro impessoal e anônimo!

Indubitavelmente, a influência massificante do ambiente é hoje mais forte do que nunca. Basta reparar na eficaz *manipulação* exercida pelos meios de comunicação e propaganda; na fácil, universal e indiscriminada acolhida dos «slogans» e dos valores veiculados pelos jornais e pela televisão; no pavor que a maioria das pessoas têm de se verem desaprovadas pelo meio em que vivem; no temor desproporcionado de fazer o ridículo por ficar à margem da ideia que está em voga ou que parece mais «avançada»; na rapidez com que as coisas entram e saem de moda... Tudo isto indica o elevado grau de massificação que sofremos.

Esta característica do nosso tempo aguça a tendência gregária própria das pessoas medíocres: sentem necessidade de agrupar-se de qualquer forma, de «enturmar-se», de juntar-se, para suprir quantitativamente o que lhes falta qualitativamente, como atributo pessoal. A «turma» aglutina, agasalha, fortalece, anima, aplaude e, especialmente, desculpa.

Vão-se formando assim coletividades, alcateias que atacam e se defendem em conjunto, como os lobos. As «gangues» de assaltantes, de «trombadinhas», de traficantes e «pixadores», os «arrastões» de malfeitores que se vão tornando praxe, são apenas uma pequena amostra das outras «alcateias» que atuam muito mais discretamente, sem serem reprovadas, nas mais variadas situações da vida social. Também elas se juntam para encontrar apoio e justificativas: como ri a «patota» quando o mais atrevido conta como «transou» com esta menina ou aquela outra; como se orgulha da sua sagacidade o empresário desonesto quando conta, no círculo dos seus colegas, o último sistema «patenteado» para sonegar o fisco; como todos se mostram corajosos nas passeatas multitudinárias, insultam a polícia, depredam a propriedade pública — enquanto permanecem juntos. Mas cada um dos manifestantes, isoladamente, comporta-se como o mais pacato e pacífico dos cidadãos: o anonimato, consagrado e garantido pela massa, é o que lhes dá forças e os torna valentes.

O grupo acéfalo que não tem nem inteligência nem coração também não tem órgãos capazes de experimentar o sentimento de culpabilidade. O refúgio — a máscara — é a *massa*.

Nisto temos que dar razão ao provérbio popular que diz: «Mal de muitos, consolo de tolos. Erro de muitos, desculpa de bobos»... Para os medíocres dominados pelo *espírito gregário*, o fato de uma ideia ter muitos adeptos é uma garantia de veracidade; para os que têm a autenticidade de pensar com a própria cabeça, pelo contrário, as ideias são verdadeiras ou falsas pelo seu valor intrínseco.

A responsabilidade é sempre pessoal, intransferível. Nascemos sozinhos e morreremos sozinhos; seremos julgados individualmente e salvos ou condenados individualmente. No momento supremo em que cada um de nós encarar a Verdade infinita de Deus, de que poderão servir-nos os sorrisos de aprovação dos amigos, as desculpas dos companheiros de grupo? Poderão por acaso justificar-nos, diluindo a nossa responsabilidade na «verdade» amorfa da alcateia?

A última máscara

O apresentador olha para o relógio, observa uma certa impaciência entre os espectadores e promete terminar quanto antes o desfile. Diz que o último número é algo de sensacional, nunca antes visto. Um verdadeiro fecho de ouro.

Levanta-se o pano e aparece... Que fiasco! Um homem! Apenas um homem, vestido, sorridente, de aparência agradável e simpática... Levanta-se entre o público um murmúrio de protesto: «Onde está a mais espetacular das máscaras?» É uma decepção!

O apresentador, porém, acrescenta imediatamente: «Por favor, esperem um instante». E, num movimento rápido, arranca do rosto sorridente uma película plástica que parece uma pele finíssima; por trás dela aparece a fisionomia horrorosa de um animal que é como uma mistura de todos os animais apresentados: tem o focinho do lobo, os dentes do leão, a cabeça da avestruz, as orelhas da raposa e as penas do pavão... «Senhoras e senhores, diz, apresento-lhes a *máscara das máscaras!*: uma máscara tão perfeita que encobre todas as outras, uma máscara tão engenhosa que engana até o próprio mascarado»...

Um aplauso forte e interminável ressoa pelo auditório, acompanhado de manifestações evidentes de satisfação.

O apresentador volta a colocar a máscara, e o pavoroso animal converte-se novamente naquela figura agradável e sorridente, que começa a andar com desembaraço pelo palco, a contar anedotas divertidas, a cantar maravilhosamente... Pouco a pouco, os espectadores vão-se esquecendo do que viram por baixo daquela máscara e começam a comentar: «Mas não é possível! Tivemos uma alucinação... Este homem é realmente encantador...»

O apresentador está radiante: «Conseguimos o que pretendíamos: enganar a todos. Realmente, esta é a *máscara das máscaras*».

Que atitude humana corresponderia a esse tipo tão sofisticado de máscara? As muitas e diversas atitudes que talvez se pudessem definir com as palavras dirigidas por Kierkegaard a um amigo: «A tua função principal é a de te enganares a ti próprio, e parece que o consegues, porque a tua máscara é das mais enigmáticas»[7].

Há pessoas que, por um requintado mecanismo de amor-próprio, pelo alambicado caminho das racionalizações e das justificativas, chegam efetivamente a convencer-se de que o verdadeiro é falso e de que o falso é verdadeiro. Utilizam de maneira tão habilidosa a arte de justificar os próprios erros, de tecer e de entretecer motivos e desculpas, que se convencem de estar com a razão. É como se alguém contasse a si próprio uma mentira tão bem contada que chegasse a acreditar que era verdade; ou, pelo menos, a comportar-se como se fosse verdade.

Isto não é uma pura suposição abstrata. É algo que se dá efetivamente, com mais frequência do que se imagina. Arquitetam-se «teorias» complicadas e complexos sistemas de pensamento para justificar uma posição pessoal. Aqui se verifica o que tantas vezes se repete: «Quem não vive como pensa, acaba por pensar como vive». Quando não se aceita a ordem objetiva criada por Deus —

o conjunto das normas morais — porque é contrária ao modo como se vive, acaba-se por inventar uma nova ordem, uma «nova moral», uma «nova verdade» adequada ao próprio comportamento.

A História humana está repleta de exemplos significativos. Jung chegou a demonstrar que a imensa teoria pansexualista de Freud era uma «superestrutura» que justificava o caso pessoal do seu mestre[8]. Os estudos feitos sobre a personalidade de Rousseau revelam que a sua teoria educacional, apresentada na obra *L'Émile*, era resultado dos traumas da sua infância[9]... Seria longo e enfadonho multiplicar os exemplos, mas a vida e o pensamento de um sem-número de autores dá razão ao que escrevia Étienne Gilson: «Custa aceitar a verdade clara e simples; por isso as pessoas preferem inventá-la»[10]. Compreendemos até que ponto o orgulho humano — e a sua fatal consequência, a insinceridade — pode deformar a vida pessoal e até a própria História humana?

Fernando Pedreira exprime a mesma ideia através de um pequeno acontecimento da sua vida: «Há tempos contei a história de uma gentil amiga minha que se submeteu a uma operação plástica no nariz. Passados alguns dias e retiradas as bandagens, veio o doutor Pitangui com um espelho para que ela apreciasse os resultados da cirurgia. Minha amiga olhou, olhou, e disse: "Não gostei, não. Me dá outro espelho"»[11].

Pode acontecer, por exemplo, que um católico tenha dificuldade em aceitar ou viver a doutrina da Igreja sobre algum ponto, como a castidade, a fidelidade conjugal, a indissolubilidade do matrimônio, a ilicitude dos anticoncepcionais..., e que, ao invés de lutar com empenho e sinceridade por viver essa doutrina mudando de comportamento, procure pelo contrário mudar a doutrina, arranjar uma «teoria» que justifique o seu comportamento. Se, por egoísmo, não quer ter filhos, apela para a iminente «explosão demográfica», que põe em risco a própria sobrevivência da Humanidade... O que está fazendo? Simplesmente, procurando «outro espelho»..., um espelho que reflita aquilo que quer ver.

É por isso também que determinados teólogos e sacerdotes são tão procurados: porque dizem exatamente o que muitos querem ouvir. Comportam-se como os maus médicos que, ao invés de dizerem a verdade dolorosa, dizem a mentira gostosa que os pacientes desejam escutar. Há já dois mil anos que Sócrates dizia ao sofista Górgias: «Sempre será menos popular um bom médico do que um bom cozinheiro». Sem comentários.

Sem comentários, mas com o acréscimo destas palavras de Isaías:

Ai dos que chamam ao mal bem
e ao bem mal,
que da luz fazem trevas
e das trevas luz.

*Ai dos que são sábios aos seus olhos
e são prudentes diante de si mesmos
 [e não de Deus.*
 (Is 5, 20-21)

A *máscara das máscaras*... A mais perigosa de todas, como o mais perigoso artifício do demônio é o de transfigurar-se em *anjo de luz*, como diz São Paulo (cf. 2 Cor 11, 14). Pois, no fim das contas, o «pai da mentira» é também o «rei das máscaras».

Tudo acaba na quarta-feira

O desfile de máscaras — o carnaval — encontra-se no fim. O Zé-pedreiro já tirou as suas roupas de cetim e a peruca de Luís XV, e sente de novo nas mãos a dura picareta de operário. A empregada doméstica deixou de ser Maria Antonieta ou a Rainha de Sabá e voltou ao cansativo trabalho da copa... É a vida real.

O resto era puro carnaval. Mas tudo acaba na quarta-feira, como diz uma das músicas consagradas de Vinícius de Morais:

> *Tristeza não tem fim.*
> *Felicidade, sim.*
> *A felicidade é como a pluma*
> *que o vento vai levando pelo ar;*
> *voa tão leve*
> *mas tem a vida breve. [...]*
> *A gente trabalha o ano inteiro*
> *para fazer a fantasia*
> *de Rei ou de Pirata ou Jardineira,*
> *para tudo se acabar na quarta-feira.*

Esta nostálgica música de fundo não representa, para muitos, o fim de quatro dias de festa, mas o triste desfecho de uma pantomima que durou anos a fio... Os anos em que desfilaram pela passarela da vida vestindo a fantasia, a máscara, de uma existência fictícia e mentirosa... E só tomam consciência dela quando talvez já seja tarde demais para recuperar o tempo perdido.

A vida não é um carnaval, um desfile de máscaras. Não. Não podemos dizer que tudo termina na quarta-feira. Talvez pudéssemos dizer, pelo contrário, que *tudo começa* na quarta-feira, na realidade viva do dia a dia, sem fingimentos, sem *máscaras*, correndo decididamente para a realização da nossa personalidade autêntica.

A PROCURA DA VERDADE

Uma personalidade *simples* — *sine plicis*, «sem pregas» — não é fácil de encontrar. As pessoas com frequência são difíceis, «complexas», precisamente porque não aceitam as suas próprias limitações e defeitos. Que bom seria se, ao nosso lado, vivessem pessoas transparentes, que se comportassem de maneira límpida e direta, que não torcessem as palavras nem as atitudes... A vida diária, ao invés de causar-nos a enfadonha sensação de um desfile de máscaras, seria como um pedaço de céu...

Machado de Assis, com essa ironia um tanto pessimista que o caracteriza, refere-se à simplicidade dos que ultrapassaram as fronteiras desta vida terrena.

Nas suas *Memórias Póstumas de Brás Cubas*, fala do que ele — o defunto — era antes da sua morte, da sua falta de formação intelectual e filosófica, das suas mediocridades:

«Talvez espante ao leitor a franqueza com que lhe exponho e realço a minha mediocridade; advirta que a franqueza é a primeira virtude de um defunto. Na vida, o olhar da opinião, o contraste dos interesses, a luta das cobiças obrigam a gente a calar os trapos velhos, a disfarçar os rasgões e os remendos, a não estender ao mundo as revelações que faz a consciência [...].

«Mas a morte, que diferença!, que desabafo!, que liberdade! Como a gente pode sacudir fora a capa, deitar ao fosso as lantejoulas, esfregar-se, despintar-se, desafeitar-se, confessar lisamente o que foi e o que deixou de ser! Porque, em suma, já não há vizinhos, nem conhecidos; não há... inimigos... nem estranhos; não há *plateia*. O olhar da opinião, esse olhar agudo e judicial, perde a virtude, logo que pisamos o território da morte... Senhores vivos, não há nada tão incomensurável como o desdém dos finados»[12].

Estas palavras um tanto amargas apontam-nos uma realidade mais profunda e mais amável que deveríamos considerar continuamente e que foi como um axioma na vida de São Francisco de Assis: *Eu sou o que sou diante de Deus, e mais nada!*

Deus nos vê como somos. Não podemos fazer teatro diante dEle. Deus, um dia, penetrar-nos-á com a sua verdade infinita, invadir-nos-á com a sua luminosidade radiante, e nós, e toda a Humanidade, nos conheceremos como realmente somos e não como aparentamos ser através dos nossos fingimentos, das nossas máscaras. Veremos *a Verdade substancial*.

Quando um homem, já nesta vida, vive dessa verdade, poderíamos dizer —

parafraseando Machado de Assis — «que desabafo, que liberdade, que tranquilidade, que paz, que transparência!» Uma personalidade assim, autêntica, transparente, da qual sempre podemos esperar uma reação coerente, sem dissimulações, é uma personalidade que atrai e arrasta!

Deveria ser esta a nossa personalidade.

Mas… como consegui-la?

A sinceridade interior

São Tomás diz que «a sinceridade é a virtude que faz com que manifestemos exteriormente, nas palavras e nas atitudes, aquilo que somos interiormente, na medida em que o exigem as relações humanas»[13]. Para deixarmos transparecer exteriormente o que somos interiormente, precisamos em primeiro lugar tornar transparente o mundo íntimo da nossa consciência. A insinceridade exterior é uma consequência da nossa *insinceridade interior*.

Disso nos fala claramente São Bernardo, estabelecendo os diversos degraus pelos quais se chega a esse estado de trevas: «O primeiro degrau é a dissimulação da própria fraqueza, da própria iniquidade e do próprio fracasso, quando o homem se engana a si mesmo autoperdoando-se e autoconsolando-se. O segundo degrau é a cegueira e a ignorância que tem de si, porque depois de que, no primeiro degrau, costurou o desprezível vestido de folhas para cobrir-se, o que há de mais lógico do que não ver as suas chagas, especialmente se as tapou com o único fim de não as poder ver? Disto se segue que ulteriormente — ainda que as descubra um outro — defenda com teimosia que não são chagas, deixando que o seu coração se abandone a palavras enganosas para buscar escusas para os seus pecados»[14]. Essa mentira interior leva-nos a sofrer com frequência de uma *miopia* a respeito dos nossos defeitos e de uma *hipermetropia* a respeito das nossas virtudes. Uma miopia muito esquisita que, além disso, faz com que «enxerguemos imediatamente a culpa do outro, mas só percebamos com dificuldade a própria... Um homem é imparcial em causa alheia, mas perturba-se e altera-se em causa própria»[15].

ELIMINAR AS DESCULPAS E JUSTIFICATIVAS

Essa estranha maneira de ver as coisas processa-se dentro de nós através das *desculpas*, das *justificativas*, dos *bloqueios* e *cegueiras voluntárias*. Não raramente encontramos um «bode expiatório»: numa discussão familiar, a culpa não é nossa, mas do outro cônjuge; numa batida de carros, o erro foi cometido pelo carro vizinho; num concurso público, a reprovação foi causada pela corrupção reinante: «Ninguém entra sem "pistolão"». O problema é das «estruturas», do «sistema», da escola, do condomínio, do síndico... e assim por diante. «São os outros!... *Sempre os outros!* Eu é que estou com a razão».

Parece que o nosso pobre ser, do qual sentimos tanta pena, necessita de consolos: não podemos maltratá-lo dizendo-lhe a verdade nua e crua. Coitado! Pode ficar traumatizado... E assim, imperceptivelmente, vamos contando-nos a nós mesmos essas pequenas e grandes mentiras que nos permitem viver satisfeitos conosco num mundo interior acolchoado, benigno e enganador.

Essa *autossatisfação*, ou autoconvencimento, configura às vezes um tipo humano de certa forma «hermético», «cristalizado em si próprio», que dificilmente aceita uma correção ou um conselho, e que o vulgo descreve com uma frase muito acertada: «Sempre fica na dele». É como o sujeito que estava dirigindo na estrada Rio-Petrópolis. Ia com o rádio ligado. De repente, viu um carro descer a toda a velocidade na contramão, na mesma pista que ele. «Louco, irresponsável», pensou, «é assim que acontecem os acidentes». Pouco depois, passou outro carro, e mais outro. «Mas não é possível! Vivo num país de malucos. É por isso que o Brasil não vai para a frente». Subitamente, o rádio interrompeu a transmissão para dizer: «Aviso aos motoristas. Cuidado! Há um carro na Rio-Petrópolis avançando na contramão». E o nosso motorista respondeu imediatamente em voz alta: «Como, um carro?... Um monte de carros!... São todos uns irresponsáveis!» Logo a seguir, ouviu a sirene da polícia que o deteve... Era ele que ia na contramão!

Esse tipo de pessoas é como a terra pisada *ao longo do caminho* de que fala a parábola do Semeador (Mt 13, 4): dura, fechada em si mesma, hermética... A semente cai e resvala. É uma terra que não está capacitada para receber a riqueza que a tornaria fecunda. Quantas vezes essa autossuficiência orgulhosa — essa insinceridade interior — não é a grande responsável pela nossa esterilidade!

Em contrapartida, que alegria tive ao verificar a mudança de atitude de determinada pessoa que me pedira para orientá-la espiritualmente. Sempre tinha argumentos análogos aos desse motorista para justificar a sua conduta explosiva: «É que a minha mulher é tão desorganizada que deixaria qualquer um irritado... É que o senhor precisa conhecer o diretor do meu departamento; não é possível viver em paz ao seu lado... Vamos e venhamos, com esse trânsito, a gente fica com os nervos à flor da pele...» Um dia, porém, depois de lhe chamar a atenção para o seu defeito, passou a conjugar o *eu* ao contar-me as suas faltas: «Irritei-me com o chefe, mas a culpa foi toda *minha*... Cheguei à conclusão de que sou eu que provoco, pelo menos em parte, a desordem da minha esposa...», e assim por diante. Aí estava já um homem que se ia conhecendo e, portanto, era capaz de retificar, de corrigir-se.

Saber... e tomar consciência

Por covardia ou por comodismo, não passamos das *verdades teóricas* para as *verdades práticas*: não queremos tomar consciência das coisas para não nos sentirmos incomodados.

Não é o mesmo *saber* e *tomar consciência*. Sabemos muitas coisas, tomamos consciência de poucas.

Tomar consciência é conhecer, de cada verdade, os seus motivos, os seus precedentes, as suas circunstâncias e especialmente as *consequências pessoais* que ela acarreta para cada um de nós.

Gustavo Corção, em *Lições de abismo*, dá-nos um exemplo extremamente expressivo. O protagonista da sua história acaba de receber do médico o diagnóstico fatal: um câncer incurável. Mas recusa-se a tomar consciência disso: «Eu já sabia. Sabia, com certeza, o que significavam os leucócitos e os mieloblastos. Sabia, com certeza, que o meu caso era muito grave. De morte. Mas ainda conseguia manter essa certeza arredada de mim. Com calor no rosto e a alma em tumulto, eu ainda aguentava bem a objetividade do fato. Pior seria, e eu tinha medo, quando ela saltasse sobre mim. Tinha medo de sair do consultório, e de achar-me na rua, sozinho comigo mesmo e com a coisa, a certeza que já armava o seu bote para me morder o coração [...].

«Eu já sabia; mas, naquele momento, a certeza que eu estava mantendo esticada, objetiva, diante dos olhos, pulara bruscamente sobre o meu peito. Ou melhor, sobre o meu estômago. Parecia-me ter engolido aquilo. E olhava em volta de mim um mundo diferente. Ali estava a balança, a cama, o crucifixo, [...]. Todas as coisas no mesmo lugar, com as mesmas propriedades que tinham há pouco, meia hora atrás, quando eu pertencia ainda à espécie, à orgulhosa espécie de gente que vive de *incerteza*. Para mim, entretanto, tudo mudou. O mundo ficou mortiço, descorado, seco; o universo ia morrer»[16]. O *saber* deixava o pobre doente numa espécie de «ignorância» alienante; *a tomada de consciência* derrubou-o.

O nosso desejo de tomar consciência deve, pois, levar-nos a fazer com que a verdade passe da *realidade objetiva*, afastada de nós, para a *realidade encarnada*, que salte da frieza do raciocínio para o fundo do nosso peito, que morda o nosso coração, que seja digerida pelo nosso estômago.

O CONHECIMENTO PRÓPRIO

Passar da verdade teórica para a tomada de consciência prática, vivencial, superar as desculpas e justificativas e esses outros muitos estratagemas que o nosso orgulho — mestre na barroca arte de dissimular e escamotear a verdade — habilmente forja, exige um trabalho profundo de *conhecimento próprio*.

A sabedoria clássica considerava a divisa *Agnosce teipsum* — «conhece-te a ti mesmo» — como o ponto de partida de qualquer filosofia humana.

Sócrates empenhou-se a fundo na tarefa de conhecer-se a si mesmo. Em certa ocasião, um filósofo sofista começou a dizer publicamente que o grande Mestre, o «sábio», estava na realidade cheio de orgulho, de inveja, de sensualidade, de preguiça. Todos os discípulos começaram a protestar, a defendê-lo, e o único que ficou calado foi o próprio Sócrates. No fim, disse: «Ele tem razão; eu tenho todos esses defeitos; é verdade que venho lutando por superá-los e por isso não se percebem exteriormente, mas eles ainda estão dentro de mim...»

Os pagãos, que consideravam o conhecimento próprio como princípio fundamental de toda a sabedoria, tinham no entanto uma grande dificuldade em realizá-lo eficazmente: faltava-lhes um referencial absoluto, um modelo perfeito.

Nós, pelo contrário, temos esse modelo perfeito com o qual podemos comparar a nossa personalidade: Cristo. À luz desse Modelo, temos a capacidade de conhecer-nos em profundidade. Cristo, que é para nós tanto *o caminho, a verdade e a vida* como *a luz verdadeira que ilumina todo o homem que vem a este mundo* (cf. Jo 14, 6; Jo 1, 9), representa essa claridade infinita capaz de fazer-nos enxergar a nossa realidade para além de todas as nossas racionalizações, justificativas e máscaras. Por isso, Santo Agostinho sintetizava numa frase lapidar o princípio básico da vida cristã: *Noverim me, noverim Te*, «conhecer-me e conhecer-Te». Quanto mais nos aproximarmos dAquele que disse: *Eu sou a luz do mundo* (Jo 8, 12), melhor veremos a realidade do nosso ser.

A sinceridade começa por aí, por esse mergulho na luz infinita de Deus a fim de conhecermos as nossas limitações e defeitos, por confronto com a grandeza de filhos de Deus a que fomos chamados, de seres criados à Sua *imagem e semelhança*. Assim entendemos que os homens que querem conseguir a perfeição evangélica gostem de repetir as palavras de Bartimeu, o cego de Jericó: *Domine, ut videam*, «Senhor, que eu veja» (Lc 18, 41).

Em todos os países, em tempo de guerra, arma-se um forte e custoso «serviço de informações» para descobrir os segredos do inimigo, a fim de evitar ataques de surpresa ou ofensivas fracassadas por falta de dados. Também na nossa vida temos de instalar uma potente rede de focos luminosos, um abrangente sistema de radar que nos permita avaliar bem o potencial bélico das forças inimigas: os nossos defeitos, paixões e vícios camuflados, os bloqueios e esquecimentos voluntários... Ora bem, este é justamente o papel desempenhado por um hábito muito simples, mas essencial: o hábito do *exame de consciência* diário.

Não deveríamos nunca encerrar o nosso dia sem repassar as palavras e os atos que realizamos, a fim de detectarmos as nossas doenças morais, a origem oculta das nossas faltas, do nosso egoísmo, da nossa preguiça e sensualidade, a raiz íntima do desânimo ou da tristeza. E assim observamos também o estado em que se encontram as nossas virtudes, aplicando com maior facilidade os remédios necessários para desenvolvê-las e aperfeiçoá-las*.

Quando fazemos o exame de consciência todos os dias, com constância, dedicando-lhe uns breves minutos antes de nos recolhermos, vamo-nos conhecendo cada vez mais a fundo, e conseguimos, pouco a pouco, uma maior sinceridade conosco mesmos. Pelo contrário, quem não tem este hábito está cego a respeito de si próprio e, se tem responsabilidades

---

(*) Para um desenvolvimento mais amplo do tema do conhecimento próprio e do exame de consciência, ver Joaquim Malvar Fonseca, *Conhecer-se*, 4ª ed., Quadrante, São Paulo, 1998.

de chefia — na família, no trabalho profissional —, é *um cego que guia outros cegos* (cf. Lc 6, 39).

A *sinceridade diante de Deus*

A sinceridade de consciência implica, como acabamos de ver, a sinceridade com Deus, porque Deus está no fundo da nossa consciência, muito mais dentro de nós que nós mesmos.

Não podemos mentir a nós mesmos, porque seria o mesmo que mentir a Deus, e mentir a Deus é algo muito grave. Lembramo-nos da passagem de Ananias e Safira narrada nos Atos dos Apóstolos: os dois venderam um campo e tentaram enganar São Pedro sobre o produto da venda, entregando uma parte como se fosse o todo. Pedro perguntou a Ananias: *Por que motivo invadiu satanás o teu coração, até levar-te a mentir ao Espírito Santo e a reter uma parte do valor da propriedade? Porventura ela não te pertencia antes da venda? E, vendida, não ficava o seu valor em teu poder? Por que então puseste no coração tal coisa? Não mentiste aos homens, mas a Deus. Ao ouvir essas palavras, Ananias caiu e expirou. E um grande temor apoderou-se de todos os que ouviram contar isso* (At 5, 1-5).

Também nós deveríamos sentir um grande temor de usar de qualquer tipo de duplicidade nas nossas relações com Deus e nas coisas referentes a Ele. Não nos esqueçamos de que o Senhor, que perdoa a mulher adúltera, não deixa de chamar aos fariseus — tipo da religiosidade hipócrita — *raça de víboras* e *sepulcros caiados* (cf. Mt 12, 32; Mt 23, 27), porque *coam um mosquito e engolem um camelo* (cf. Mt 23, 23-24).

Existe uma espécie de cristianismo *burguês*, pacato, submisso, moderado, que entende maravilhosamente de um viver pacífico, sem angústias nem problemas, de um resvalar levemente pela existência, mas temeroso de qualquer entrega pessoal, alienado de qualquer sacrifício, domesticado pelos atrativos da vida horizontal e pela segurança do dinheiro.

Pertencem a esse gênero os cristãos que querem sentir paz na consciência sem fazer grandes esforços; que querem desfrutar da fama de bons cristãos, de excelentes pais, sem lutar contra certos hábitos pouco condizentes com os compromissos que assumiram no Batismo; que não desejam perder o aconchegante ambiente da Igreja, sem deixar de lado uma conduta desonesta nos negócios ou um comportamento que faz perigar a fidelidade conjugal.

Enquadram-se também aqui aqueles que se sentem incomodados pelas palavras fortes do Evangelho, pelas exigências da Cruz, da humildade, da pobreza e da castidade autênticas. Esses não compreenderão a paixão do apóstolo pela verdade, nem a vibração fervorosa do santo perante os exemplos generosos de Cristo..., nem muito menos a própria morte de Cristo! São os cristãos de nome, de uma fé que não os distingue de um pagão, e de quem dizia São Tiago: *Tu crês que há um Deus? Fazes bem; mas também os demônios creem, e tremem* (Tg 2, 19).

Às vezes, não percebem que essa duplicidade com Deus está espalhada em um sem-número de atitudes pouco claras, quer diante dos Mandamentos de Deus, quer diante dos da Igreja, que lhes permitem *não obedecer sem desobedecer*. Pense-se apenas em alguns que não se atrevem a rejeitar Deus, mas rejeitam o que sem dúvida vem de Deus através do Papa, esquecendo aquele princípio basilar e imemorial que diz: *Ubi Petrus, ibi Ecclesia, ibi Deus* — «onde está o Papa, está a Igreja, está Deus». Silenciam as palavras do Sumo Pontífice ou fazem uma hábil «releitura», que tira peso e valor a determinadas afirmações. Não tem acontecido isso nos nossos dias, quando se interpretam, por exemplo, as indicações do Papa sobre os anticoncepcionais? Toda a pessoa honesta sabe que o Magistério papal considera ilícito o uso de pílulas, preservativos etc., ou a prática da ligadura de trompas e da vasectomia[17]. E no entanto há quem diga que cada fiel «no âmbito particular pode resolver como quiser de acordo com a sua consciência»...

Não há nisso uma interpretação hipócrita dos compromissos do cristão e do que é a consciência, que tem de ser reta e bem formada? Não se lhes poderia também dizer: «Não mentistes aos homens, mas a Deus»?

Não nos iludamos, a Deus não se engana.

Assim o diz o Salmo 138: *Entendeste, Senhor, de longe os meus pensamentos; quando caminho e quando estou deitado, Tu perscrutas e conheces todos os meus caminhos... O que pode permanecer longe do teu espírito?... Se escalo as alturas do céu, ali estás, Senhor; se desço até as profundidades, ali também estou patente diante de Ti* (cf. Sl 138, 1-12). Um dia, *aquilo que foi dito às escondidas será proclamado sobre os telhados* (cf. Lc 12, 3). Um dia, a Verdade manifestará todo o poder que tem. A Verdade infinita estará unida ao poder infinito. E então explodirá, invadirá todos os espaços, descobrirá os pensamentos mais ocultos, o fundo de todos os corações. E cada um será retribuído de acordo com as suas obras (cf. Mt 16, 27).

Em que situação me encontrarei então?

É por isso que deveríamos dizer a nós mesmos, em confidência, aquelas palavras de São Bernardo: «Bem-aventurados os que podem dizer com verdade: a nossa glória é o testemunho da nossa consciência! Mas isso só o pode dizer o humilde... O arrogante e soberbo não pode enganar nem evadir o juízo dAquele que esquadrinha as entranhas e os corações, já que de Deus ninguém pode zombar»[18].

Bem-aventurados — diríamos nós — os que podem enxergar-se a si mesmos na claridade da sua consciência. Bem-aventurados os que, ao lado da sua miséria sinceramente reconhecida, encontram a benignidade infinita do Senhor. Bem-aventurados os que se esforçam por refletir no espelho da sua alma a beleza infinita do rosto de Deus...

As ambiguidades religiosas

Às vezes, infelizmente, encontramos essa duplicidade nos ambientes religiosos. Parece que há medo de falar com clareza; fazem-se concessões que o Magistério da Igreja nunca fez; «barateiam-se» as exigências morais para não afastar as pessoas, ou perder adeptos, ou, melhor, por temor de se receber a alcunha de «duro», «intransigente», «quadrado», «ultrapassado», «pouco arejado»...

Por outro lado, há pessoas que tendem a questionar tudo, a submeter tudo a uma espécie de «dúvida metódica», à Descartes. A este fenômeno referia-se o Papa Paulo VI quando afirmava: «A dúvida — parece estranho dizê-lo neste nosso século iluminista, orgulhoso e seguro das suas conquistas científicas — é uma doença contagiosa e bastante difundida no pensamento especulativo, e por isso também no religioso do nosso tempo [...].

«O estado mental de dúvida converteu-se em algo comum e mesmo de moda hoje em dia, como uma elegante modéstia do pensamento, satisfeito mais com opiniões do que com a verdade e disposto a substituir empiricamente as exigências lógicas de uma doutrina segura pelos lugares-comuns da mentalidade corrente: daí que produza efeitos graves e imprevisíveis»[19].

O questionamento, a dúvida, não é o destino da inteligência humana; é uma situação de passagem. E ninguém constrói a sua casa definitiva num lugar de passagem. Temos de alicerçar a nossa personalidade em fundamentos sólidos, não em enunciados ambíguos.

Essas mesmas pessoas surpreendem-se de que haja ambientes religiosos em que se fale de uma maneira clara de temas que para eles são «questionáveis». Acham isso «pouco honesto», «artificial», «excessivamente contundente». E não deveriam surpreender-se, porque essas verdades — como a afirmação do celibato eclesiástico, da castidade conjugal, da não aceitação do divórcio, dos anticoncepcionais, das relações pré-matrimoniais, da masturbação etc. — nunca foram verdades «questionadas» pela Igreja, mas sempre confirmadas explicitamente.

Não se pode falar da verdade de Deus de maneira morna, melancólica, insegura. As verdades do cristianismo apoiam-se na própria autoridade de Deus que revela e que não pode enganar-se nem enganar-nos. Ele nunca quis deixar-nos entregues a um estado nebuloso, indefinido, de dúvidas e incertezas.

Quando um médico está convencido de que determinado tratamento pode salvar a vida de um ente querido, não permite que o tratamento seja aplicado timidamente, de forma incompleta; vai a fundo!

Que querem esses cristãos que têm obrigação de transmitir as verdades eternas, as únicas verdades que levam à saúde espiritual? Sacrificar as certezas do Magistério da Igreja às suas dúvidas particulares? Dizer meias-verdades, deixando que as almas se arrastem nas suas enfermidades espirituais, numa situação de meia-saúde, de meia-vida e de meia-morte?, permitir que o metabolismo espiritual dos que lhes pedem critério fique condenado a uma fraqueza e languidez crônicas, que a sua ofegante respiração sobrenatural mal lhes consinta oxigenar o seu organismo?

Que deseja esse tipo de pessoas: deixar as almas oscilarem entre um pouco de verdade e um pouco de erro? Entre um pouco de pecado e um pouco de virtude? Entre um pouco de vida e um pouco de morte?

Nesta última década do século XX, padecemos de uma doença social de agudíssima gravidade: uma pavorosa crise de valores; vivemos num mundo melancólico que perdeu os grandes ideais, as verdades-mestras. Vivemos num mundo de relativismos onde tudo se justifica, tudo se desculpa, porque em nada se acredita.

Não podemos permitir que alguém traga ao coração da Igreja essa névoa de perplexidade e de ambiguidade amorfa! Temos que lutar com todas as forças para que todos irradiemos «o esplendor e a segurança e o calor do sol da fé»[20]. Temos que fitar de frente a Verdade, procurar vivamente o rosto de Deus e dilatar as nossas pupilas para mergulhar no olhar amabilíssimo do Senhor, e terminar apaixonando-nos por essa Verdade Infinita que é ao mesmo tempo a infinita Beleza de Deus.

O Senhor sempre proclamou a verdade de maneira nítida, e os homens de Deus de todas as épocas dela se fizeram eco como fidedignos transmissores. Eles encarnaram essas verdades, eles as sentiram nas suas vísceras de tal forma e com tal intensidade que não podiam silenciá-las. Eram verdades que transbordavam deles como transbordam as águas de um lago dilatadas pelo temporal.

A verdade de Deus não é uma verdade que se possa dizer timidamente, tepidamente, ambiguamente... É uma avalanche de força avassaladora.

Retornar à luz

Necessitamos de luz, de claridade interior; precisamos distanciar-nos de tudo o que leva à ambiguidade, à duplicidade;

sentimos o imperativo de chamar as coisas pelo seu nome: à verdade, verdade; à mentira, mentira; à virtude, virtude; ao pecado, pecado... Se não o fazemos, aviltamos a inteligência, a nossa faculdade mais nobre. Separamo-nos de Deus e, sem Deus, perdemos a nossa identidade.

Pio XII, ao fazer uma análise das mazelas da nossa época, dizia que «talvez hoje o maior pecado do mundo seja que os homens perderam o sentido do pecado»[21]. O pecado é justamente o que mais nos desvincula de Deus, mergulhando o homem nas trevas. Reconhecê-lo em toda a sua dimensão exige uma humildade que não cabe dentro desse moderno humanismo antropocêntrico que considera o homem como o astro do universo e todos os outros seres — inclusive Deus — como satélites.

São vários os expedientes de que o orgulho se vale para evitar o reconhecimento do próprio pecado: quer negando a objetividade dos mandamentos divinos, quer subjetivando a noção da ofensa a Deus — «Para mim, isso não é pecado»...; «Não estou sentindo remorsos na minha consciência...» etc. —, quer atribuindo a culpa às estruturas sociais erradas, às situações políticas injustas, aos sistemas de educação traumatizantes, aos recalques da infância, a sequelas hereditárias etc. Restringe-se assim — para não dizer que se anula — o conceito de responsabilidade moral.

Esta atitude mental, além de representar um desconhecimento afrontoso de uma lei divina objetiva que deve ser reconhecida e aceita, torna o homem opaco, enigmático, complexo. Enquanto se esvaziam os confessionários, enchem-se os consultórios psiquiátricos, aumenta a necessidade de consultar um analista, cresce o número dos depressivos, tristes e angustiados...

O remédio já foi estabelecido por Jesus Cristo há muito tempo. Durante séculos, milhões de pessoas encontraram na maravilhosa realidade de uma Confissão sincera a cura de um mal que, na imensa maioria dos casos, não era psíquico, mas moral: uma verdadeira enfermidade da consciência humana. E o nosso Redentor, *rico em misericórdia*, é o único Médico que pode curá-la. Ele nos diz: «*Não precisam de médico os sãos, mas os doentes; não vim chamar os justos, mas os pecadores*» (Mc 2, 17).

A única atitude sensata que se pode ter diante do médico é a sinceridade. Só um demente ocultaria por medo ou vergonha algum sintoma da sua doença àquele que deseja curá-lo. A sinceridade deve, pois, iluminar todos e cada um dos momentos que integram a confissão.

Antes de confessá-los, temos que reconhecer os pecados no *exame de consciência*. Se é certa aquela lei que paira por cima de toda a psicologia humana e que nos diz que não se supera aquilo que não se reconhece e se aceita, não menos certo será que um exame de consciência sincero é base humana indispensável para que a confissão opere os seus benéficos efeitos espirituais. Como poderemos tornar claro nas palavras aquilo que não se encontra patente e diáfano na consciência? Além disso, Deus, que além de Médico é Juiz e Pai, quer ouvir um reconhecimento claro — uma *confissão* — de todo o pecado, como o fez o filho pródigo: *Pai, pequei contra o céu e contra ti. Não sou digno de ser chamado teu filho* (Lc 15, 11-32).

A transparência nesse reconhecimento tem que ser completa. Na doutrina evangélica há uma correspondência evidente entre o que se *confessa* e o que se perdoa. O Senhor diz aos seus Apóstolos — aos confessores —: *Aqueles a quem perdoardes os pecados, ser-lhes-ão perdoados; àqueles a quem os retiverdes, ser-lhes-ão retidos* (Jo 20, 23). Mas como o confessor poderá perdoar aquilo que desconhece?

A dor — *o arrependimento* — de quem se confessa — outro elemento sem o qual a confissão não seria válida — tem que ser também profundamente sincera. No terreno biológico, a dor é um «censor» insubstituível. Ouvi falar de uma moça que tinha uma doença grave: não sentia dor. Certo dia, limpando o fogão, queimou a mão, e só reparou na horrível ferida pelo cheiro de carne queimada. Quem não sente dor sincera dos seus pecados sofre também uma grave anomalia. A dor é proporcional à pena que sentimos por ofender a pessoa que amamos. Quando falta dor, falta amor: encontramo-nos então diante de uma profunda enfermidade moral.

Mas a dor, se é profunda e sincera, se atinge o centro do nosso ser, tem também uma importante função preventiva: cria em nós uma espécie de «trauma», uma forte aversão ao pecado que nos impede de recair. Porque, quando o sentimento doloroso foi forte, não queremos voltar a sofrer nem a fazer sofrer a quem amamos. Por isso nos afastamos de qualquer nova ocasião de pecado.

A dor profundamente sincera que Pedro sentiu depois de negar o Senhor foi o que o salvou da reincidência. Foi uma dor de amor. Chorou amargamente durante longos anos. E com essas lágrimas parecia estar dizendo: «Senhor, nunca mais te quero ofender».

Daí deriva, como consequência, o *propósito de emenda*, outro elemento indispensável para uma boa confissão. E este propósito deve ser necessariamente sincero. Teria todas as características de um comportamento hipócrita desmentir com as nossas obras as decisões que tomamos na confissão. Não há nada que deforme mais a consciência do que fazer propósitos sabendo que não vamos cumpri-los; acalmamos assim os nossos remorsos ao fazê-los, e contentamos a nossa preguiça deixando de cumpri-los.

Quando vivemos essa sinceridade plena nos diferentes planos da confissão, a absolvição representará para nós um reconfortante banho de luz, um verdadeiro remanso de paz: o retorno à transparência original, turvada pelo pecado*.

A *sinceridade exterior*

Na medida em que formos conseguindo viver a sinceridade no nosso foro íntimo — com a nossa consciência, que é o mesmo que dizer com Deus —, ser-nos-á cada vez mais fácil viver a sinceridade com os outros.

O homem autêntico, o homem *normal* — o santo é o mais *normal* dos homens —, é sempre simples, compacto, coerente. Corresponde àquela imagem que Jesus fez de Natanael: a de um *verdadeiro israelita*, um verdadeiro homem em quem não há duplicidade nem engano (cf. Jo 1, 47). O homem inautêntico — infelizmente o mais *comum* — é, pelo contrário, complicado, dissimulado,

---

(*) Para uma análise detalhada do Sacramento da Confissão, ver Rafael Stanziona de Moraes, *Por que confessar-se*, 6ª ed., Quadrante, São Paulo, 2016.

teatral. Cada um de nós poderia lembrar-se de tantos fatos que corroboram esta afirmação...

Uma regra de ouro é *comportar-nos, quando estamos sozinhos, da mesma forma como nos comportamos quando estamos acompanhados.* Ainda aqui, a sinceridade com Deus é a chave. Certa moça contava-me que, quando estava ao lado da sua mãe e tinha que apanhar alguma coisa na parte alta do armário ou em algum outro lugar de difícil acesso, punha um jornal na cadeira ou tirava os sapatos, porque a sua mãe sempre lhe dizia: — «Você não vê que, se não o faz, risca a cadeira?» Mas quando estava sozinha, fazia-o de qualquer maneira. Até que um dia reparou que estava sendo hipócrita; mais ainda, pensou: — «Por acaso Deus não me vê?» Desde então, procurou sempre comportar-se como se Deus a estivesse olhando com as pupilas abertas do alto do crucifixo... — «Sabe?», dizia-me, «a minha vida mudou por completo».

Conta-se numa biografia de São Francisco de Sales que o seu secretário tinha o péssimo costume de observar o santo pelo olho da fechadura porque não acreditava na sua santidade: «Será que não finge?» Mas isso foi providencial, porque no processo de canonização pôde fazer este depoimento: «Ele sempre se comportava sozinho com o mesmo recolhimento e dignidade com que o fazia quando estava acompanhado».

Agimos também nós com essa sinceridade?

Quando se vive na presença de Deus, tudo muda; é impossível viver a duplicidade.

Se queremos deixar de fazer «teatro», vivamos conscientes de que Deus nos olha a todo o momento.

FUGIR DAS AMBIGUIDADES

Estou certo de que cada um de nós poderia acrescentar outros exemplos que poriam de manifesto a nossa tendência para a duplicidade sob tantas e tantas formas: as mentiras diretas, as frases de duplo sentido, as ironias, os sorrisos e as lágrimas forçados, os silêncios e a verborreia, os exageros e as minimizações da falsa diplomacia, «os jeitinhos» e as ambiguidades.

Há pessoas que parecem estar sempre numa situação «crepuscular», de «lusco-fusco»: não são nem deixam de ser; não afirmam nem negam; não estão a favor nem contra...

Quem conhece a lealdade e a hospitalidade dos mineiros nunca dirá que eles são «mineiros» no sentido que corriqueiramente se dá a essa expressão. Talvez sejam mais prudentes do que desconfiados. Li, porém, certa vez, um artigo intitulado *Mineiridade*, que retrata perfeitamente essa «filosofia do lusco-fusco»: «Mostre uma tela toda pintada de vermelho a um mineiro e indague qual é a cor. Não se surpreenda, porém, se ele responder que *branco não é...* [...]

Bela cena mineira: Enquanto o trem não chega, dois homens se encontram na estação:

— Para onde você vai?, quer saber um deles.

— Para Barbacena, responde o segundo.

— Ah... você está dizendo que vai para Barbacena para eu pensar que vai para Queluz, mas está indo para Barbacena mesmo. E acertou»[22].

A linguagem ambígua abrange todas as camadas sociais. Um engenheiro amigo contou-me que, em certa ocasião, pediu a um tratorista que aprontasse determinada tarefa para o fim de semana; era urgente. O tratorista, que se chamava Messias, respondeu: «Se der e Deus ajudar, vou fazer uma forcinha. Só se não der». Quantas pessoas, com palavras mais eruditas, vão deixando, como o Messias, nas entrelinhas das suas ambíguas afirmações, amplos espaços que podem ser perfeitamente ocupados pela irresponsabilidade ou pela preguiça...: «Vou fazer uma forcinha. Só se não der».

O nosso comportamento, as nossas palavras têm que ser nítidas: *Seja o vosso sim, sim, e seja o vosso não, não. O que passa disto procede do maligno* (Mt 5, 37). Não podemos evadir-nos do sim ou não com atitudes pouco claras. O Maligno, que é — já o dissemos várias vezes — *mentiroso e pai da mentira*, sabe revestir-se de *anjo de luz*. A atitude mentirosa, que é feia, pode tornar-se agradável, «angelical», através de palavras doces, de ambiguidades melífluas.

Seguindo esse caminho da ambiguidade, há quem afirme autênticas mentiras dizendo apenas meias-verdades. Conta-se de um oficial da marinha que conseguiu denegrir a imagem do seu capitão escrevendo de vez em quando no livro de bordo: «Hoje o capitão não bebeu». Podem-se dizer mentiras sem mentir diretamente, carregando as tintas em alguns aspectos negativos, deixando na penumbra outros mais positivos, insinuando coisas que não estão provadas, fazendo-se eco de críticas infundadas...

No nosso meio crescem, como colônias de cogumelos, esses espécimes cinzentos de verdades incompletas. A habilidade no uso das palavras permite que se diga a verdade incompleta, para que o interlocutor pense que é completa, quando na realidade a verdade completa é muito diferente. O incauto que o escuta pensa: «É sincero porque está dizendo coisas que o prejudicam». Mas, na realidade, está silenciando a verdade que definitivamente o incriminaria: a mentira está escondida nas dobras das palavras verdadeiras.

Isto pode parecer às vezes habilidoso e sagaz, mas na realidade representa uma falta de caráter. A personalidade humana fica fundamentalmente deformada quando não há sinceridade. Dizia-o um editorial do *Jornal do Brasil* dos anos oitenta, intitulado *A ópera dos malandros*. Elevava a nível nacional o que vimos em nível pessoal:

«A crise das nossas instituições é também uma *crise de caráter*.

«Sabe-se a importância desempenhada pela conciliação na História do Brasil, que permitiu a convivência fácil de raças diferentes.

«O que foi, entretanto, um expediente para dar a partida à nossa aventura social tornou-se, com o tempo, um vício, uma segunda natureza. O brasileiro tirou patente da posição de expectativa, que equivale a *subir no muro* e esperar que os fatos se definam por si mesmos.

«Canonizou-se a simulação; o que faz com que nada seja autêntico. Não se adere sinceramente a nenhum princípio — com o que, depois de algum tempo, deixa de haver princípios.

«Fazem-se críticas, às vezes violentas, pois as palavras a pouco obrigam; cem pessoas assinam um manifesto;

mas quando se trata de levar a proposta adiante, restam dez, se tanto [...]

«Há, em tudo isso, o simpático lado cordial de nosso temperamento. Mas não se pode levar demasiado longe a brincadeira, sob pena de sufocar no nascedouro todas as reformas possíveis e imagináveis. *Sem um mínimo de caráter não se fazem regimes duradouros* — frase atribuída a Tiradentes, que ao menos pagou com a vida pelas suas convicções»[23].

Não podemos deixar-nos invadir por esse ambiente de ambiguidades. Não podemos permitir que essas atitudes confusas que se inclinam para um lado e para o outro fiquem incubadas no nosso coração: são como vírus que flutuam na nossa atmosfera cultural. Temos que acostumar-nos a falar uma linguagem clara: *Rejeitando a mentira, falai com verdade cada qual ao seu próximo, porque somos membros uns dos outros* (Ef 4, 25).

Até agora, não falamos abertamente dessa desagradável palavra: *mentira*. Porque, como a mentira é muito grosseira, tornamo-la «civilizada» com as suas variadas máscaras, justificativas e ambiguidades.

A criança mente, mas não «aprendeu» ainda a mentir como se deve, de forma polida, como o fazem as pessoas adultas «educadas». Quebrou o vaso e, quando o pai lhe pergunta o que houve, diz: — «Caiu, quebrou...» — «Mas, como caiu?... Foi o vento ou um fantasma?» A criança não sabe responder, não tem ainda habilidade suficiente. Os «adultos» dissimulam ou transferem a culpa para outros. Assim aconteceu com a primeira mentira: já foi «civilizada». Deus perguntou a Adão por que tinha comido do fruto proibido. E disse o homem: *A mulher que me deste por companheira deu-me a comer dele e comi*. Disse pois Deus à mulher: *Por que fizeste isso!* E respondeu a mulher: *A serpente enganou-me e comi...* (Gn 3, 12 e segs.). Adão transferiu a culpa para Eva, Eva para a serpente, e a serpente não deitou a culpa a ninguém, simplesmente porque não foi perguntada. Se o tivesse sido, a sua mentira teria sido ainda muito mais engenhosa, mais «civilizada».

Parece que ainda ressoa neste mundo, como se fosse um outro imenso Castelo de Elzenor, a voz de Hamlet, diante do noticiário cotidiano, das conversas nos escritórios, nos meios políticos, na vida dos negócios, na imprensa...: «Palavras, palavras, palavras!»

São necessárias palavras, sem dúvida, poucas ou muitas, mas autênticas, que saiam do coração como a seiva verte da fibra lenhosa. *Que seja o vosso sim, sim e o vosso não, não.* Tudo o que passa desse *sim* e desse *não* simples e nítido procede do Maligno. Do Maligno procedem a vaidade e o orgulho, a inveja, a irritação, a agressividade, a preguiça e o medo de errar, porque todos esses movimentos desembarcam, se não são dominados, nas múltiplas manifestações da mentira.

A *vaidade* e o *orgulho* levam-nos a mentir para encobrirmos os nossos defeitos ou para aumentarmos as nossas qualidades... Quando alguém deseja ser admirado mais do que na realidade merece, quando sabe que, se fosse dizer as coisas como são, não obteria sucesso, exagera os fatos, deforma a verdade para provocar a atenção dos outros... É tão forte o desejo de falar para que os outros nos admirem...

Quando a *inveja* nos domina, quando não se pode suportar que os outros sejam mais inteligentes, mais fortes, mais bem-sucedidos..., então a mentira é o grande expediente para rebaixá-los.

Quando o amor-próprio se exalta em forma de *irritação* ou de *agressividade*, inclina-nos também a esgrimir a mentira como arma para esmagar os outros. Surge uma discussão em casa, no trabalho, na escola, entre a turma de amigos...; formou-se uma roda, ficamos no centro das atenções, uma palavra agressiva é repelida com outras mais ferinas ainda... É um verdadeiro pugilato de argumentos, uma bebedeira de palavras, e a ira sussurra à imaginação fatos inverídicos, denigrintes... Um dia mais tarde, recapacitando o sucedido diante da nossa consciência, sentimos uma enorme vergonha: «Como fui cair nessa verborreia teatral, como fui capaz de dizer tanta mentira...?»

Quando a *preguiça* nos tenta, no momento em que se apresentam os compromissos sérios do dever, inventamos outros «mais sérios» ainda para não termos que mortificar o nosso comodismo.

Por fim, o *medo de errar* ou *sofrer* nos conduz também a mentir, procurando com esse recurso um escudo falso. Se conseguirmos perder o medo de errar — e isto supõe sempre ganhar em humildade —, a nossa força moral crescerá imensamente.

Há pessoas ou coletividades que se acostumaram a dizer habitualmente, em assuntos talvez de pouca importância, pequenas mentiras repetitivas, e quando, num determinado momento — porventura num momento dramático —, querem convencer os outros de algo verdadeiro e realmente importante, ninguém acredita nelas. Podem gritar tragicamente, mas ninguém lhes presta atenção. *Perderam todo o poder persuasivo.*

Já reparamos como as pessoas habitualmente insinceras têm de empregar expressões pleonásticas, redundantes, para poderem convencer?... Dizem: «É verdade (e acrescentam «é verdade *mesmo*»); «dou a minha palavra» (e completam: «dou a minha palavra *de honra*»). A necessidade de reforçar as nossas expressões é já uma prova de que o peso das palavras simples e comuns não basta. Mas também esses acréscimos não convencem quando se perdeu a credibilidade.

Em certa ocasião, pediram a um general da última guerra mundial, em determinada circunstância comprometedora, que desse a sua palavra de honra, e ele disse que não a dava. E quando, surpreendidos, lhe perguntaram a razão dessa negativa, respondeu: «Eu dou simplesmente a minha palavra. Porque *a minha palavra sempre é de honra*».

Estes são os homens que têm *poder persuasivo*. Não necessitam de adjetivos. Bastam os substantivos.

Viver a verdade

Nós deveríamos fazer parte desse grupo de homens cabais, confiáveis, persuasivos. Se assim o desejamos, façamos um acordo conosco mesmos: não permitamos o menor desvio, a mais sutil ambiguidade, o mais inofensivo «jeitinho» que nos separe da verdade. Basta simplesmente que sejamos cristãos, que são aqueles em quem o *sim* é *sim* e o *não* é *não*.

Que maravilhosa sensação se experimenta quando, ao dar a mão a um homem, se encontra um coração nobre, uma atitude leal, uma fidelidade indiscutida; que tranquilidade sentimos quando, depois de uma palavra dada — *conte comigo*; *eu o farei* —, podemos estar certos de que será cumprida. Com homens assim constrói-se uma família, porque não há cônjuges infiéis; ganha-se uma guerra — essa guerra de paz e de amor que Cristo veio trazer à terra —, porque não há companheiros traidores. Nós temos que ser desses homens!

Um engenheiro eletrônico confidenciava-me que a linha diretriz da sua vida era esta: dizer sempre a verdade; que procurava caminhar sempre em cima dessa linha e, quando por um momento dela se afastava, sentia na boca um estranho gosto, algo repugnante... Diante da minha estranheza, disse-me: «Quando era garoto, o meu pai surpreendeu-me um dia dizendo uma mentira. Então repetiu-me muitas vezes: «A tua língua está suja, a tua boca está muito suja; é preciso lavá-la!» E da palavra passou à ação. Pegou uma escova e um sabonete e deu-me uma forte esfregadela na língua e na boca toda. Estive várias vezes a ponto de vomitar, mas o meu pai prosseguia. Eu berrava e ele continuava a esfregar-me... Foi horrível. Mas aquilo deixou em mim como se fosse um «reflexo condicionado»: cada vez que sobe à minha boca uma mentira, sobe também com ela um espantoso gosto de sabonete... e desisto».

A meditação repetida das palavras e das retas atitudes do Senhor — que nunca se curvava diante de qualquer ameaça alheia ou do que pudesse trazer-lhe uma vantagem —; a reflexão profunda do que significará esse triunfo estrondoso da Verdade que invadirá todos os espaços no dia do Juízo, deveria representar para nós algo muito mais forte do que aquele repugnante gosto de sabonete que vinha à boca do meu amigo.

Meditar não basta, é preciso também lutar. Lutar com firmeza, com decisão. A tendência para a insinceridade é tão forte como o próprio orgulho. Está enraizada na nossa personalidade. Por isso, temos que desarraigá-la e implantar no seu lugar a virtude da sinceridade.

Toda a virtude é um hábito. O hábito consegue-se à base de repetição de atos feitos num mesmo sentido e direção. As primeiras vitórias são as mais difíceis. Depois, facilidade cria facilidade, virtude chama virtude.

Queremos um método? Anotemos, por exemplo, um sinal «mais» na agenda quando conseguirmos fugir de dizer uma inverdade; coloquemos um sinal «menos» quando cairmos numa mentira. Teremos o controle diário. Estou certo de que, com a ajuda de Deus, em dois ou três meses teremos progredido muito.

Lembro-me de um rapaz que tinha como defeito principal falar muito, e que por isso mentia muito. Nas nossas conversas de direção espiritual, falávamos sobre as suas lutas, e especialmente sobre as suas derrotas, que começavam a desanimá-lo.

Certo dia, tive uma ideia. Desenhei uma língua enorme num rolo de papel bem comprido, e pintei-a de uma cor roxa horrorosa, com pintas verdes simulando veneno; mostrei-lhe o desenho e disse-lhe: «Esta é a sua língua». Deu uma gargalhada e protestou: «É um exagero!» — «É um exagero para você; mas aquele colega que você prejudicou na semana passada com as suas mentiras não pensará o mesmo... Dou-lhe de presente este desenho...»

— E que faço com ele?

— Pois no exame de consciência, cada vez que você deixe de dizer uma mentira, pode recortar meio centímetro da língua... A meta é chegar a ter uma língua de dimensões normais.

Rimos mais ainda. Levou o desenho enrolado para casa... e foi lutando dia a dia. Cada semana mostrava-me a língua diminuindo progressivamente de tamanho...

O meu amigo é hoje um profissional sério, respeitado. Ninguém poderia pensar que, quando rapaz, tinha o vício desagradável da mentira.

Tudo isto nos poderá parecer infantil. Mas não é. E se de qualquer forma assim no-lo parece, já é hora de tentarmos assemelhar-nos às crianças, como nos recorda o Senhor no Evangelho, porque só os que vivem a candura e sinceridade das crianças é que entrarão no Reino dos céus.

O PERFIL DA AUTENTICIDADE

O perfil da autenticidade representa um verdadeiro cume, um cume que emerge de entre os pântanos da mentira, os marasmos da hipocrisia, as névoas da duplicidade e os falsos sentimentalismos. A modo de resumo, procuremos alinhar-lhe os traços esparsos num todo coerente.

Onde começa a desenhar-se o perfil do homem autêntico?

Começa lá dentro de nós, no primeiro olhar límpido que do nosso interior lançamos sobre nós mesmos, sobre as pessoas e coisas que nos rodeiam, e sobre Deus, para *conhecê-los* como realmente são. Desse conhecimento verdadeiro surge a *humildade*, que não é outra coisa senão a verdade sobre nós mesmos, compreendida e assumida.

Este é o primeiro passo. O segundo é uma decorrência natural do mesmo: a plena *aceitação* dessa verdade. Aceitar Deus com toda a sua magnificência, aceitar as coordenadas deste mundo que nos rodeia, aceitar as circunstâncias que nos limitam, aceitar os defeitos que nos empobrecem e também as virtudes que nos engrandecem, como dom de Deus.

Aceitar-nos como somos exige definir-nos, sublinhar o que somos — a nossa *identidade* —, renunciando ao que não somos. A rosa, para ser rosa, tem que renunciar a ser orquídea. A autenticidade exige a *renúncia* a tudo aquilo que não nos corresponde, que nos é alheio, artificial, que não combina com a nossa identidade mais radical. Temos que *ser o que somos*, com determinação, com plenitude de alegria. Para isso, nunca será demais insistir na importância da humildade. Contava alguém que tinha conhecido um homem que enlouqueceu quando percebeu que não era Deus. Em ponto pequeno, não é o que pode acontecer conosco?

Mas não podemos aceitar simplesmente *o que somos* de uma maneira passiva ou talvez comodista. Dentro de mim há, por assim dizer, dois seres que convivem: *aquele que sou* e *aquele que devo ser*. Há um ideal a encarar, há uma personalidade que devo conseguir, há um modelo com o qual devo identificar-me.

É muito fácil justificar-se dizendo: «Sou assim, são coisas do meu caráter», tenho que ser autêntico, coerente comigo mesmo… Quando na realidade deveríamos pensar: não, «são coisas da minha falta de caráter»[24].

Aqui estamos dando um novo passo para a verdadeira autenticidade. Não havemos de nos deter num primeiro plano que estabelece a concordância entre a minha pobre realidade, as minhas tendências e os meus sentimentos, por um lado, e por outro os meus atos, as minhas palavras e as minhas obras. Esta seria uma *autenticidade estática*, encerrada em si mesma.

Não. Temos de subir a um plano superior, onde impera essa sublime harmonia entre o que eu sou, sinto, digo e faço, e o que *devo ser*, sentir, dizer e fazer, de acordo com a minha vocação de filho de Deus.

Esta é uma *autenticidade dinâmica*; uma personalidade lançada para a frente, à procura da própria realização eterna, como uma flecha afiada voando diretamente para o seu alvo. É isso o que configura a personalidade do *homem reto*, que tende para uma única finalidade, que deixa à direita e à esquerda outras trajetórias laterais.

Verdadeira e falsa autenticidade

Essa autenticidade dinâmica muitas vezes perece envolvida nas malhas do sentimentalismo, da *falsa autenticidade*, tão em voga nos dias de hoje.

Há não muito tempo, um pai de família — com quatro filhos, uma mulher dedicada e quinze anos de vida matrimonial — dizia-me: «Estou apaixonado, acabo de conhecer uma moça que satisfaz plenamente o meu ideal feminino... Amo a minha mulher fiel e dedicada, mas como companheira solícita e mãe dos meus filhos..., mas não a amo como antes, não a amo como a esta moça. Acabou a paixão. Agora sinto renascer o autêntico sentimento do amor... Estou «arrebatado», não posso continuar mantendo esse *status quo* fictício e hipócrita... Sei que me vai custar separar-me dos meus filhos, mas tenho que ser fiel aos meus sentimentos... Chega de farsas, tenho que ser *autêntico*...»

E eu lhe respondi: — Você pensa que vai ser *autêntico* abandonando a sua mulher e os seus filhos, rompendo a fidelidade jurada diante do altar de Deus, quando disse que seria fiel «na alegria e na tristeza, na saúde e na doença, até a morte? Por acaso isso é que é autenticidade? Quando muito, é uma *autêntica canalhice*.»

O meu amigo ficou profundamente desapontado. Queixou-se da minha falta de sensibilidade, da minha incompreensão... E eu lhe perguntei: «Você já se colocou do lado da sua esposa e dos seus filhos, do lado de Deus e dos seus mandamentos? O que eles lhe diriam? Por acaso, algo diferente do que lhe estou dizendo?»

Este exemplo evoca outros muitos: o rapaz que me disse que pretendia «transar» com a sua namorada porque isso era o que lhe ditavam os seus sentimentos; não podia ficar agrilhoado a preceitos que lhe pareciam mais da Igreja do que de Deus. «Porque *Deus é amor*, e o amor tudo justifica...» Uma senhora que criava sérios problemas na família porque falava, segundo ela dizia, o que sentia no coração...: «Eu não sou dessas que se calam por medo do marido. Não. Eu não tenho papas na língua, eu sou *autêntica...*». Aquele outro rapaz que me comentava: «Quando não tenho vontade, não vou à faculdade; fico na praia... Não pago tributo a essa emporcalhada «sociedade de consumo», a essa «estrutura capitalista»... A única coisa que os «velhos» querem é que eu me forme, que ganhe dinheiro, que «fature»! Chega! Eu quero viver *a minha própria vida.* Preciso viver a vida. Para que quero a minha juventude? Eu tenho que ser *autêntico*!»

Responder como deveríamos a todas essas atitudes levar-nos-ia muito longe, e não temos aqui espaço para tanto. Poderíamos, porém, sintetizar essa resposta dizendo que a *autenticidade* não pode ser equiparada à *espontaneidade dos sentimentos*, própria dos animais e das crianças. As coisas não são autênticas por serem «íntimas».

No fundo do coração há sentimentos bons e sentimentos maus. Diz o Evangelho: *O homem de bem, do bom tesouro do seu coração, tira coisas boas, e o mau, do mau tesouro, tira coisas más, pois daquilo de que o coração está cheio fala a boca* (Lc 6, 45). É evidente que há sentimentos *muito profundos* — como a ira, o ódio, a inveja, a luxúria, a cobiça — e, ao mesmo tempo, *muito inautênticos*, porque não estão de acordo com a natureza humana; e que, ao mesmo tempo, há comportamentos autenticamente humanos que contrariam os mais íntimos sentimentos.

O soldado que, vencendo um profundo sentimento de medo, pula a barricada e toma a posição inimiga é condecorado como herói, precisamente por ter vencido o sentimento que comumente paralisa os covardes: está sendo *um autêntico soldado*. A mãe que, esgotada à beira da cama do seu filho doente, passa a noite inteira acordada, passando por cima do natural sentimento que a levaria ao descanso, está sendo *uma autêntica mãe*. O cristão que supera o sentimento de vergonha, os falsos *respeitos humanos*, e confessa a sua fé destemidamente em qualquer meio em que se encontre, está sendo um *autêntico cristão*.

Sentir... Por acaso consiste tudo em sentir ou em agir de acordo com o sentimento? Sentir por sentir, Cristo sentia uma imensa repugnância em aceitar a paixão, a ponto de transpirar sangue e de rogar ao Pai que afastasse dele esse sofrimento; mas imediatamente disse: *Pai, não se faça a minha vontade, mas a tua* (cf. Lc 22, 42). É justamente neste *mas*, nessa virada do sentimento para o cumprimento da vontade de Deus, que reside todo o segredo da *autenticidade dinâmica*.

Os exemplos poderiam multiplicar-se. Pavimentam o chão da História humana e do Cristianismo. É desse estofo que estão feitos os grandes cientistas e pensadores, os heróis, os santos e os mártires. Não reduzamos a grandiosidade humana a um nível biológico, que melhor se poderia denominar espontaneidade animal. A autenticidade não é um subproduto das minhas glândulas e hormônios; é uma esplêndida conquista.

Fidelidade e transparência

O *homem reto*, o *homem coerente* está feito de uma peça só; é sólido, maciço. A sua conduta essencial caminha em cima de uma *linha reta*, que vai direita ao seu fim, e parte de uma decisão interior com a mesma força e a mesma naturalidade com que brota a flor sob os impulsos da primavera. Cada gesto, cada atitude identificam a sua personalidade interior: não há nada de postiço, artificial ou inautêntico. As mais diversas manifestações do seu ser formam um todo coerente. O resto é rejeitado como um corpo estranho. Perante tudo o que é falso, sente uma espécie de «alergia», e afasta-o com o mesmo movimento espontâneo com que o globo ocular expulsa a menor partícula de poeira.

A sinceridade leva-o a olhar a verdade de frente, sem fugir ao confronto com ela; a evitar qualquer teatralidade, fingimento ou mudança de opinião por motivos interesseiros; a viver o compromisso e a coragem pessoal sem diluir as suas responsabilidades na massa, sem buscar o amparo e o refúgio na mediocridade colectiva; a afastar-se de qualquer tentativa que conduza à justificação dos seus erros com desculpas ou falsas teorias; a chamar as coisas pelo nome, distanciando-se das ironias e das frases de duplo sentido...

Sem perceber, voltamos a colocar diante da nossa atenção a admirável figura do Senhor. Tudo nEle era *sim, sim* e *não, não*. Quando ele dizia «*eu sou*», «*eu não sou*», todos ficavam persuadidos da verdade dessa afirmação. Porque não era a boca que falava; o que falava era a vida, uma vida que ficava comprometida pela sua palavra.

Quando o tribunal que o julga lhe pergunta: *Tu és o Filho de Deus?* e Ele responde: «*Vós o dizeis; eu o sou* (Lc 22, 70), sabia que estava selando com essas palavras a sua sentença de morte. A verdade custou-lhe a vida. Cumprir com o seu dever custou-lhe a vida. Isto é que é verdadeira autenticidade.

Que maravilhosa sensação se experimenta — dizíamos em outro momento — quando, ao darmos a mão a um homem, encontramos por trás dela esse coração nobre, essa atitude leal, essa fidelidade indiscutida! Que tranquilidade sentimos quando, depois de um compromisso assumido, verificamos que se cumpre pontual e eficazmente.

Um homem assim não precisa de muitas palavras, nem de expressões reiterativas para convencer. Basta a palavra simples, nítida, «enxuta». O homem veraz foge da loquacidade; a sua palavra é a expressão exata, necessária e insubstituível do seu pensamento. Por isso, esse homem ama o silêncio e a reflexão; a profundidade do silêncio e da reflexão mede o valor das suas palavras. A sua densidade, o seu peso específico, impede qualquer leviandade, qualquer barroquismo, qualquer pleonasmo repetitivo. Não faz sentido para ele dizer *palavra de honra*, porque qualquer palavra sua é sempre de *honra*. Imaginamos Cristo dizendo: *palavra de honra*! Toda a palavra de Cristo *honrava* a sua pessoa e a própria veracidade pessoal *honrava* qualquer palavra sua.

Essa coerência maciça é o que dá ao homem sincero a sua poderosa *capacidade persuasiva*. Há tanta diferença entre a voz de um locutor de rádio tentando convencer por meio de um reclame comercial, e a de um homem que pede socorro quando levado pelas ondas do mar...! E, no entanto, toda a diferença reside apenas numa qualidade: a *autenticidade*.

É ela que dá sentido à linguagem que se entende em todas as latitudes, a linguagem de um coração sincero; é ela que outorga poder; é a palavra amável que derruba as muralhas do preconceito; é a palavra carinhosa que abre os corações; é a palavra de conselho que ilumina; é a palavra incentivadora que anima; é a palavra de correção que retifica e endireita; é a palavra de comando que move, decide e impera...

Mais ainda, quando a verdade se impõe dentro de nós de um modo categórico, ela tende a irradiar no exterior de uma forma arrebatadora. A palavra, então, arrasta. Ou seja, uma personalidade autêntica, de uma forma ou de outra, está possuída de uma grande capacidade de *liderança*: cativa, induz e compele.

Essa sinceridade vital que transmite segurança e credibilidade, que arrasta como arrasta tudo o que nos conduz à realização da nossa plenitude, poderíamos denominá-la *transparência*. A transparência é como a expressão plástica, sensível, de algo que é ao mesmo tempo sinceridade, coerência, integridade, simplicidade, naturalidade, franqueza e autenticidade. É uma qualidade luminosa que permite ver com os seus nítidos contornos todas as virtudes e defeitos, o fundo das ideias e sentimentos, e a consistência das atitudes. Algo que nos permite dizer de um homem: *é ele*; *sempre ele*.

Confere. *É ele* quando está sozinho e quando está acompanhado. *É ele* quando trabalha e quando descansa. *É ele* quando reza e quando canta. *É ele* quando fala e quando cala. *É ele* quando ri e quando chora. Confere. É *sempre ele*.

Diante de um homem assim, o Senhor, com um brilho de alegria e de admiração nos olhos, poderia dizer, como diante de Natanael: *Eis aqui um verdadeiro israelita, em quem não há duplicidade e engano*. Eis aqui um homem cabal, confiável, persuasivo, coerente, maciço, feito de uma peça só.

Tomara que algum dia um caminhante qualquer, ao encontrar-se conosco numa encruzilhada da vida, pudesse também exclamar exultante, admirado: «Encontrei o que desejava o meu coração; encontrei um homem transparente, íntegro, autêntico — um *verdadeiro homem* — em quem não há duplicidade nem engano!»

NOTAS

(1) Affonso Romano de Sant'Anna, in *Jornal do Brasil*, Rio de Janeiro, 7.04.1984; (2) J. Wain, *El mundo vivo de Shakespeare*, Madri, 1967, pág. 47; (3) Cf. Rafael Llano Cifuentes, *Egoísmo e amor*, *3ª ed*, Quadrante, São Paulo, 2016, pp. 7-15; (4) Machado de Assis, *Memórias póstumas de Brás Cubas*, São Paulo, 1962, p. 87; (5) Apud F. Pérez-Embid, ed., *Forjadores del mundo contemporâneo*, v. III, 7ª ed., Barcelona, 1971, p. 141; (6) Cf. G. Marañón, *Don Juan*, 4ª ed., Espasa-Calpe, Buenos Aires-México, pp. 68-72 e 96-101; (7) Apud J. Collins, *El pensamiento de Kierkegaard*, México, 1958, p. 163; (8) Ch. Baudouin, *La obra de Jung y la psicología de los complejos*, Madri, 1967, p. 82; (9) A. Saloni, *Rousseau*, Milão, 1949, pp. 54-57; (10) A. Livi, *Étienne Gilson: filosofia cristiana e idea del limite critico*, Pamplona, 1970, p. 91; o significado que atribuímos nestas páginas à «máscara das máscaras» aparece plenamente evidenciado em B. Scharfstein, *Los filósofos y sus vidas*, Madri, 1984, pp. 208-219; (11) Fernando Pedreira, in *Jornal do Brasil*, 23.01.1977; (12) Machado de Assis, *Memórias póstumas de Brás Cubas*, pp. 69-70; (13) Cf. São Tomás, *Suma Teológica*, II-II, q. 109, a. 3, ad 3; (14) São Bernardo, *In Psalmis XC, Sermo II*, 8; (15) São João Crisóstomo, *Catena áurea*, vol. VI, p. 132; (16) Gustavo Corção, *Lições de*

abismo, Rio de Janeiro, 1962, pp. 31-34; (17) Cf. por exemplo Paulo VI, Encíclica *Humanae Vitae*, n. 2; (18) São Bernardo, *Dos costumes e ofícios dos Bispos*, 6, 21; (19) Paulo VI, *Alocução*, 13.11.1974; (20) Josemaria Escrivá, *Caminho*, 11ª ed., Quadrante, São Paulo, 2016, n. 575; (21) Pio XII, *Alocução*, 25.03.1950; (22) Cleusa Maria, *Mineiridade*, in *Jornal do Brasil*, 2.10.1984; (23) *Jornal do Brasil*, 8.05.1982; (24) Cf. Josemaria Escrivá, *op. cit.*, n. 4.

Direção geral
Renata Ferlin Sugai

Direção editorial
Hugo Langone

Produção editorial
Juliana Amato
Gabriela Haeitmann
Ronaldo Vasconcelos
Roberto Martins

Capa
Provazi Design

Diagramação
Sérgio Ramalho

ESTE LIVRO ACABOU DE SE IMPRIMIR
A 19 DE MARÇO DE 2024,
EM PAPEL OFFSET 75 g/m^2.